O PODER DO BEM-ESTAR

Renata Rivetti

O poder do bem-estar
Um guia para redesenhar o futuro do trabalho

Copyright © 2025 by Renata Rivetti

Grafia atualizada segundo o Acordo Ortográfico da Língua Portuguesa de 1990, que entrou em vigor no Brasil em 2009.

Capa
André Hellmeister

Imagens da p. 49
snesivan/Adobe Stock, KAZI DESIGN/Adobe Stock e fortyforks/Adobe Stock

Preparação
Marina Saraiva

Revisão
Thaís Totino Richter
Adriana Moreira Pedro

Dados Internacionais de Catalogação na Publicação (CIP)
(Câmara Brasileira do Livro, SP, Brasil)

Rivetti, Renata
    O poder do bem-estar : Um guia para redesenhar o futuro do trabalho / Renata Rivetti. — 1ª ed. — Rio de Janeiro : Objetiva, 2025.

    ISBN 978-85-390-0882-7

    1. Administração do tempo 2. Felicidade 3. Relações humanas 4. Trabalho – Aspectos psicológicos 5. Trabalho – Aspectos sociais 6. Trabalho – Bem-estar I. Título.

25-269088   CDD-658.3

Índice para catálogo sistemático:
1. Trabalho : Bem-estar : Administração   658.3

Cibele Maria Dias – Bibliotecária – CRB-8/9427

Todos os direitos desta edição reservados à
EDITORA SCHWARCZ S.A.
Praça Floriano, 19, sala 3001 — Cinelândia
20031-050 — Rio de Janeiro — RJ
Telefone: (21) 3993-7510
www.companhiadasletras.com.br
www.blogdacompanhia.com.br
facebook.com/editoraobjetiva
instagram.com/editora_objetiva
x.com/edobjetiva

Sumário

Prefácio 7
Apresentação: Precisamos ressignificar o trabalho 9

PARTE I: O MUNDO DO TRABALHO E SEUS DESAFIOS

Sobrecarga 21
Segurança psicológica 27
Conflitos geracionais 33
Contra o viés da negatividade 38

PARTE II: A CIÊNCIA DA FELICIDADE

A psicologia positiva 51
Felicidade é intenção 54

PARTE III: A SUSTENTABILIDADE HUMANA NO TRABALHO

O papel da liderança humanizada e consciente 63
A construção de uma cultura de bem-estar 66

PARTE IV: DESENHANDO UMA CULTURA CORPORATIVA SAUDÁVEL

Redesenho do tempo 77
    A semana de quatro dias 77

    Ferramentas práticas para redesenho do tempo 90
        Ferramenta 1: Agenda semanal organizada em blocos de trabalho... 90
        Ferramenta 2: A importância das pausas e do descanso.................... 93
        Ferramenta 3: Inteligência artificial para otimizar tarefas................ 96
        Ferramenta 4: Trabalho assíncrono.. 98
        Ferramenta 5: Matriz de Eisenhower 99

Redesenho do trabalho 102
    Ferramentas práticas para redesenho do trabalho............................. 102
        Ferramenta 1: Job crafting... 102
        Ferramenta 2: Um time em flow 106
        Ferramenta 3: Prática de check-in/check-out................................... 109
        Ferramenta 4: Encontrar um propósito.. 111
        Ferramenta 5: Celebrar as conquistas... 113

Redesenho das relações 116
    Ferramentas práticas para redesenho das relações............................ 118
        Ferramenta 1: Regras de comunicação.. 118
        Ferramenta 2: Escuta ativa.. 123
        Ferramenta 3: Carta de agradecimento.. 124
        Ferramenta 4: Cultura de reconhecimento.. 126

    PARTE V: A CULTURA DA EMPRESA

A jornada da felicidade na Heineken.. 139
A jornada de bem-estar e sustentabilidade humana na Stellantis.......... 142

Epílogo: O futuro do trabalho pode ser empático, sustentável e produtivo ... 145
Notas 149

Prefácio

O verdadeiro sucesso não existe sem felicidade: é assim que defino o futuro do trabalho.

O futuro do trabalho não se resume às mudanças tecnológicas ou às transformações estruturais que vivemos. Carrega em si uma questão mais profunda e essencial: como podemos, por meio dele, cultivar um verdadeiro sentido de bem-estar, capaz de sustentar a nossa humanidade em tempos de incerteza e mudança? Este livro nasce dessa inquietação, da busca por respostas que nos ajudem a repensar o papel do trabalho em nossa vida e na sociedade, com a convicção de que o verdadeiro progresso está intimamente ligado ao florescimento humano.

Vivemos num mundo em que, para muitos, o trabalho se tornou sinônimo de sobrecarga, estresse e desmotivação. Isso exige uma análise crítica e profunda das dinâmicas que governam as organizações. Esta obra oferece não apenas um olhar atento sobre as fraturas que persistem, mas também identifica as oportunidades de mudança que podem transformar o trabalho num espaço de verdadeira realização e equilíbrio interior.

Neste percurso, somos desafiados a olhar de perto para a forma como organizamos o nosso tempo, a encontrar propósito nas tarefas diárias e criar ambientes onde as relações humanas floresçam. Aqui, o bem-estar não é um privilégio ou um benefício adicional, mas o eixo central em torno do qual tudo deve gravitar. O futuro do trabalho, tal como aqui proposto, coloca a felicidade, o propósito e a criatividade no coração da experiência laboral.

O bem-estar no trabalho vai além de horários equilibrados ou boas condições físicas. Trata-se de encontrar sentido no que fazemos, nutrir as nossas capacidades criativas e transformar rotinas em experiências com significado. Aqui oferecemos uma nova visão, na qual o trabalho se torna um veículo de felicidade e realização. Cada página convida o leitor a repensar seu percurso, o da sua equipe e o da organização.

O caminho traçado é uma jornada de transformação em que o trabalho deixa de ser uma obrigação para se tornar uma oportunidade de crescimento contínuo. Este não é um futuro distante; é um processo que começa agora, com pequenos passos de adaptação e cuidado, porque o bem-estar é construído a cada dia, num movimento de permanente crescimento e de equilíbrio entre a produtividade e a felicidade.

Mais do que uma reflexão teórica, este livro propõe ações tangíveis. São sugestões práticas para transformar o ambiente laboral num espaço onde o bem-estar e a realização humana sejam prioridades centrais. O futuro do trabalho que aqui se desenha é um futuro em que o sucesso das organizações é medido não só pela sua capacidade de gerar valor econômico, mas por sua contribuição para o florescimento das pessoas que nelas trabalham.

Aqui o leitor encontrará uma bússola para navegar pelas mudanças que se avizinham. Que cada diagnóstico seja uma semente de mudança, e que cada ação proposta seja uma ponte para um futuro mais humano, mais pleno e mais equilibrado. Que a leitura que se segue o inspire não só a repensar o futuro do trabalho, mas também a resgatar a ideia de que o bem-estar, em todas as suas formas, é o verdadeiro alicerce sobre o qual devemos construir o amanhã.

Madalena Carey, CEO da Happiness Business School

Apresentação
Precisamos ressignificar o trabalho

A melhor forma de prever o futuro é criá-lo.
Peter F. Drucker

O mundo do trabalho tem passado por profundas transformações. Novas tecnologias, intensas mudanças climáticas e sociais, crises globais, tudo isso tem redesenhado o cenário profissional de maneira irreversível, impactando o dia a dia de bilhões de trabalhadores ao redor do globo. E se é verdade que a tecnologia impulsionou enormes avanços, ela também tem trazido inúmeros questionamentos. Até pouco tempo atrás, as máquinas aprendiam com os seres humanos, mas o jogo foi virando, e hoje vivemos a aflitiva sensação de que estamos perdendo o protagonismo. O que nos distingue delas? Quais habilidades precisaremos aperfeiçoar ou aprender? São muitas perguntas e poucas respostas, e isso abala nossa saúde mental, gera insegurança e uma enorme incerteza sobre como devemos nos posicionar. O que será exigido de nós — como indivíduos, empresas e sociedade — para navegar com sucesso nessa nova realidade? Os desafios são imensos e, para lidar com eles, uma mudança de postura será necessária e urgente.

Essas grandes questões acerca do trabalho sempre mobilizaram a sociedade, afinal trata-se de um elemento fundamental de nossa existência. Eu já refletia sobre isso desde a faculdade de administração pública. Naquela época, eu sonhava em atuar no terceiro setor porque achava que só assim poderia construir algo relevante e que tivesse algum impacto social. Ainda não sabia que encontrar significado no trabalho não é algo que se conquista do dia para a noite, e que nem toda mudança precisa ser grandiosa para impactar de maneira positiva uma realidade. No final do curso, ingressei em uma multinacional na área de marketing. Não era exatamente o que eu almejava, mas hoje entendo como esse emprego foi importante em minha trajetória. Entrar como trainee em uma companhia daquele porte fez com que eu adquirisse um amplo conhecimento do meio corporativo e, com o tempo, passei a gostar do que fazia. Pude perceber minha evolução, pois conseguia aplicar na prática o que tinha aprendido na faculdade, e havia ainda a satisfação de fazer as coisas acontecerem em um trabalho bastante estratégico. Eu me sentia reconhecida e valorizada, e meu desenvolvimento profissional me levou a galgar cargos mais altos e melhores salários. Então me dei conta de que havia conquistado o que socialmente se costuma chamar de uma "vida de sucesso": eu me tornei executiva, tive ótimos bônus, estabilidade, um apartamento confortável, uma relação saudável e duas cachorras. Mas comecei a sentir um vazio. Eu queria algo que me fizesse acordar todos os dias com um propósito maior.

    Tentei participar de voluntariado, desenvolver minha espiritualidade, buscar autoconhecimento. Afinal, a fonte de minha realização pessoal não precisaria ser o trabalho, não é mesmo? Me voluntariei na ONG Viva e Deixe Viver, que organiza contação de histórias nas alas infantis de hospitais de São Paulo, depois entrei para outra em que minha cachorra atuava como cã-terapeuta para crianças com paralisia cerebral. Essas atividades me traziam um senso de significado. Também investi na prática da meditação e no estudo da cabala, e isso foi suficiente, pelo menos por um período, para que eu pudesse pensar sobre o papel que exerço no mundo. Mas os questionamentos voltaram. Eu ainda era executiva em uma multinacional, com todos os privilégios que isso envolve, e passei a questionar se uma vida de prazeres e conquistas materiais é realmente sinônimo de uma existência feliz. Eu tinha tudo o que havia sonhado, por que ainda faltava algo? Foi então que comecei a estudar sobre a felicidade e me deparei com a psicologia positiva.

    Descrevendo de forma breve, a psicologia positiva foca no estudo do bem-estar, das emoções construtivas e das qualidades humanas, buscando entender o que contribui para o florescimento de cada pessoa. Ter acesso a esse novo universo mudou a minha percepção sobre as coisas. Com isso, veio o anseio de compartilhar o que estava aprendendo, pois entendia que nós, como sociedade, ainda enxergamos a felicidade como um fim em si, quando ela tem muito mais a ver com a construção de hábitos. Não adianta esperar a vida perfeita, o emprego dos sonhos. A vida sempre terá obstáculos e desafios. Todos os dias temos de escolher e empreender ações que nos tragam mais significado e realização. Naturalmente, comecei a perceber que essas reflexões poderiam ser levadas para pessoas e organizações de uma forma estruturada e prática. Como? Pedi demissão da multinacional e criei a Reconnect Happiness at Work & Human Sustainability.

E aqui volto ao mundo do trabalho e seus desafios, porque esse livro foi gestado ao longo de anos atuando à frente da Reconnect, uma empresa focada em promover o bem-estar no ambiente corporativo a partir do redesenho do trabalho e das relações. Ajudamos organizações a criarem culturas mais saudáveis e produtivas por meio de consultorias, palestras, treinamentos e programas personalizados, valorizando tanto o bem-estar emocional dos colaboradores quanto a sustentabilidade dos negócios.

Diagnósticos sobre a cultura empresarial, criação de planos estratégicos de bem-estar, capacitação de líderes e equipes, todos os projetos da Reconnect, muitos deles pioneiros, como o da Semana de Quatro Dias, tiveram desdobramentos que realmente impactaram a vida de muitas pessoas. Este livro é uma forma de dividir essa experiência com o máximo possível de colaboradores e lideranças do mundo corporativo. Ele é fruto da minha vivência, com o objetivo de mostrar que a estruturação de um novo ecossistema laboral é uma forma de aprimorar o ambiente corporativo e enfrentar os desafios atuais.

As empresas brasileiras ainda têm muita resistência em repensar o modelo de trabalho e sentem dificuldade em se adequar aos novos tempos. A Olivia, uma consultoria especializada em processos de transformação organizacional, realizou uma pesquisa em nove estados brasileiros sobre a capacidade de líderes de empresas dos mais diversos setores da economia a reagirem e se adequarem a mudanças: cerca de 40% deles disseram não estar preparados. No entanto, um relatório chamado "Tendências de gestão de pessoas 2024"[1] aponta que cerca de metade do mercado de trabalho diz ter dificuldade em lidar com as expectativas das gerações mais novas, em especial a geração Z (nascidos entre 1996 e 2010). O descompasso geracional não é uma novidade, mas o que importa aqui é a lacuna entre o desenho de trabalho tradicional de muitas empresas e as aspirações profissionais dos jovens talentos.

Dou esse exemplo pois ele demonstra a relevância da cultura organizacional nos processos de mudança enfrentados pelas empresas. Engajar e desenvolver as melhores habilidades de seus colaboradores, inovar e escutar diferentes pontos de vista; por que tudo isso parece tão difícil? Vivemos em ambientes corporativos pautados por sobrecarga, desmotivação e toxicidade. A mudança é necessária e urgente, mas percebo que a maioria das organizações não sabe por onde começar. Com este livro espero sanar, ou pelo menos diminuir, a desconfiança, o medo ou o desconhecimento dos benefícios de se construir um negócio humanamente sustentável.

A sustentabilidade surge, em certa medida, desses tipos de questionamentos: por que não usar o poder das empresas para transformar a sociedade, o país e o mundo? Sinto que se dependermos apenas da esfera pública e do terceiro setor, daremos poucos passos de cada vez. Mas se falarmos de grandes multinacionais investindo no país e construindo algo mais justo, daremos um grande passo. Afinal, elas fazem parte do sistema e não podem estar apartadas desse processo.

Seja qual for o modelo de trabalho adotado nas organizações, presencial, híbrido ou remoto, a falta de clareza, de planejamento e de empatia, somadas ao crescimento das distrações digitais e de seu impacto no desenho do próprio trabalho, continuam a gerar inúmeros desafios aos trabalhadores.

Espero que este livro ajude as lideranças a construírem, de forma sustentável, uma cultura de bem-estar, redesenhando o tempo, o trabalho e as relações laborais. Aqui apresento ferramentas para desafiar e desenvolver as equipes, trazendo senso de realização e significado para as atividades diárias.

Você está preparado para ressignificar seu trabalho e afetar de forma positiva e sustentável o seu entorno?

Parte I

O mundo do trabalho e seus desafios

Segundo a Organização Internacional do Trabalho (OIT), cada um de nós trabalhará, em média, mais de 100 mil horas ao longo da vida. Um tempo relevante de nossa existência é dedicado à função laboral, porém, grande parte dela é exercida em ambientes corporativos que foram moldados décadas ou séculos atrás, o que gera um enorme descompasso. As consequências são inúmeras; além de engajamento e produtividade aquém do potencial, o ambiente corporativo atual tem afetado negativamente o bem-estar das pessoas. Logo, o trabalho pode tanto promover o equilíbrio mental quanto o adoecimento psíquico.

Os números não deixam dúvidas de que temos um problema sério a enfrentar. O relatório "State of the Global Workplace 2024",[1] publicado pela empresa de consultoria Gallup, mostrou que apenas 23% das pessoas no mundo estão engajadas com seus empregos. Isso significa que os 77% restantes trabalham porque precisam. Esse dado da pesquisa tem se mantido estável ao longo dos últimos anos. Em 2021, o número era de 21%, e em 2019, de 22% — ou seja, o baixo engajamento não é algo pontual. No Brasil, ainda segundo a Gallup, os números são parecidos com os obtidos na média global. Por aqui, somente 27% dos brasileiros que trabalham para um empregador estão engajados, o que significa que mais de 70% não estão. O engajamento é fundamental, e as pessoas só encontrarão significado em seus empregos se estiverem conectadas à equipe e à empresa para a qual trabalham. Ter orgulho do que realizamos e sermos reconhecidos por nosso desempenho, inclusive socialmente, faz toda diferença em nossa vida.

No dado global, entre os profissionais que se mantêm no emprego porque precisam trabalhar, 59% estão fazendo o mínimo possível — é o chamado "*quiet quitting*" —, e 18% estão "ativamente desengajados".[2] Segundo a definição da própria Gallup, os colaboradores classificados dentro do *quiet quitting* ocupam os postos de trabalho, mas só "observam o relógio",[3] ou seja, fazem apenas o essencial. São também psicologicamente desconectados de seus empregadores e, ainda que sua produtividade seja a menor possível, têm maior propensão ao estresse e ao esgotamento do que quem está engajado, mostrando como esse descompasso entre as pressões externas e o esforço que estão dispostos a fazer cria um enorme conflito interno. Já os profissionais "ativamente desengajados" são aqueles que adotam atitudes e comportamentos que prejudicam de forma direta a organização, opondo-se aos líderes e às metas. Em algum ponto, os laços de confiança entre empregado e empregador foram quebrados.

Todos esses dados nos dizem que as pessoas estão trabalhando, mas na maior parte das vezes no modo automático. Elas se sentem desmotivadas, sem ousar experimentar coisas novas, sem sequer almejar crescimento e desenvolvimento na carreira.

Segundo a Gallup, o engajamento é um estado mental que flutua o tempo todo, influenciado por relações e acontecimentos no local de trabalho — e é por isso que posso afirmar que está ao alcance da liderança de uma organização mudar o engajamento. Ryan Pendell, em um artigo para a empresa de consultoria, escreveu: "O engajamento não é uma característica dos colaboradores, mas sim uma experiência criada por organizações, gestores e membros da equipe".[4]

A realidade é que as empresas conseguem engajar alguns de seus colaboradores, mas não a maioria deles. O engajamento é a exceção, não a regra. E ele não se resume a pagar salários mais altos: Pendell diz que a remuneração é o "botão fácil" para atrair, reter e motivar os funcionários, mas não cria "propriedade psicológica" para o trabalho de alguém. Além disso, se essa fosse a única moeda no mercado de trabalho, a qualquer momento as empresas roubariam os colaboradores umas das outras, era só pagar mais. A construção de uma organização altamente engajada requer intenção, investimento e esforço ao longo de vários anos, conclui ele.

Mas por que é tão importante construir essa cultura nas empresas? O baixo engajamento prejudica não só a inovação, a produtividade e o trabalho em equipe, mas também contribui para a desmotivação e o adoecimento dos profissionais, que não veem sentido no que fazem todos os dias no escritório. A publicação da Organização Mundial da Saúde (OMS) intitulada *WHO Guidelines on Mental Health at Work* [Diretrizes da OMS sobre saúde mental no trabalho] destacou importantes fatores de riscos psicossociais para a saúde mental (e até física) relacionados ao ambiente profissional.[5]

- Trabalho fragmentado ou sem sentido, habilidades subutilizadas, incerteza alta.

- No quesito horário, foram destacados os trabalhos em turnos, como os noturnos, e os horários inflexíveis, imprevisíveis, longos ou insociáveis.

- Baixa participação na tomada de decisões ou falta de controle sobre a carga ou o ritmo de trabalho.

- Falta ou manutenção inadequada dos equipamentos de trabalho, ou ainda condições ambientais ruins, como falta de espaço, iluminação deficiente, ruído excessivo.

- Cultura organizacional pautada por uma comunicação ineficaz, baixos níveis de apoio à solução de problemas e ao desenvolvimento pessoal, falta de definição sobre os objetivos da organização, alta competição por recursos escassos, burocracias internas excessivamente complexas.

- Relacionamentos interpessoais pautados por isolamento social ou físico, relações danosas com superiores, falta de apoio social (percebido e real), bullying, assédio, *mobbing*, microagressões.

- Estagnação e/ou incerteza sobre os rumos da carreira por meio de subpromoção ou superpromoção, má remuneração, insegurança, baixo valor social do trabalho.

- No quesito casa-trabalho, são indicados conflitos como falta de apoio doméstico e duplas jornadas, e desafios como, por exemplo, ter de trabalhar no mesmo local em que se dorme ou precisar morar longe da família por exigências profissionais.

Diante desse cenário, os casos de *burnout* dispararam nos últimos anos, e a doença hoje custa para a economia global 322 bilhões de dólares[6] em decorrência da baixa produtividade e da alta rotatividade [*turnover*], segundo a OMS. O *burnout*, vale pontuar, está relacionado diretamente ao trabalho, tanto que pode ser chamado de "síndrome do esgotamento profissional". A condição foi reconhecida e classificada como uma doença ocupacional pela OMS em 2022.

A síndrome de *burnout* é um distúrbio emocional caracterizado por exaustão extrema, estresse e esgotamento físico, resultado de condições de trabalho intensas, com alta demanda de competitividade e responsabilidade. Segundo Christina Maslach, psicóloga e pesquisadora renomada sobre o tema, a síndrome está ligada à maneira como as demandas profissionais são gerenciadas. A sobrecarga, com tarefas excessivas e prazos apertados, é uma das causas centrais, assim como a falta de controle, que ocorre quando o profissional tem pouca autonomia sobre suas atividades e decisões. Além disso, a ausência de reconhecimento adequado pelo esforço e pela dedicação também contribui para o esgotamento, assim como o desalinhamento entre os valores pessoais do profissional e os da organização. E, por fim, um ambiente tóxico, pautado por abusos, assédios e alta competitividade.[7] O *burnout* pode levar à depressão profunda, sendo essencial buscar ajuda profissional ao surgirem os primeiros sinais.[8]

O Brasil, em particular, tem um sinal de alerta em relação ao *burnout*. Segundo a International Stress Management Association (Isma), uma associação sem fins lucrativos voltada para a pesquisa e o desenvolvimento da prevenção e do tratamento de estresse, o país ocupou a segunda posição nos casos de *burnout* no ranking mundial em 2021, ficando atrás apenas do Japão. A Isma-BR também apontou que 30% dos trabalhadores brasileiros sofrem com essa condição.[9]

Contudo, as questões de saúde mental entre os brasileiros não se restringem ao *burnout*. Os casos de depressão e ansiedade são igualmente altos. Segundo a OMS, houve um aumento de 18,4% no número de pessoas com depressão no país no período de 2005 a 2015, e a prevalência de depressão no Brasil é de 5,8%, a maior taxa da América Latina (a prevalência mundial de casos de depressão, para efeito de comparação, é de 3,6%). São cerca de 11,6 milhões de brasileiros sofrendo com essa doença.[10] Em relação aos transtornos de ansiedade, o Brasil é um dos países com mais pessoas ansiosas em todo o mundo: 9,3% da população. O resultado disso é um número crescente de afastamentos do trabalho por transtornos de saúde mental e comportamental. Estima-se que, no mundo, 12 bilhões de dias de trabalho sejam perdidos todos os anos devido à depressão e à ansiedade, com custo à economia global de quase 1 trilhão de dólares.[11]

Embora o trabalho não seja o único responsável por tantos transtornos, sua influência é significativa. Nossa atividade profissional pode tanto nos curar quanto nos adoecer. Segundo as já citadas diretrizes sobre saúde mental no trabalho, a OMS destaca que a atividade laboral pode promover bem-estar mental — e, eu acrescentaria, felicidade — por proporcionar *estrutura*, *contato social*, *senso de esforço e propósito coletivos*, *identidade social*, além de ser uma *atividade regular*. De fato, os benefícios de ter uma ocupação profissional são múltiplos. Ainda que o senso comum acredite que ganhar um bom salário para não fazer absolutamente nada seria o emprego dos sonhos, essa premissa está longe da realidade.

Uma pesquisa da Robert Half com a The School of Life, realizada com 774 profissionais de diferentes regiões do Brasil em 2024, mostrou que a falta de propósito é um dos maiores aspectos para infelicidade no trabalho na visão de 46,45% dos colaboradores e de 43,7% dos líderes. Então, é possível perceber que não é só o salário que conta, ainda que seja bastante relevante.[12]

Em outro estudo que ampara essa percepção,[13] pesquisadores analisaram a experiência do significado do local de trabalho entre 2285 profissionais norte-americanos de 26 setores e em vários níveis salariais, tamanhos de empresas e dados demográficos. O alto valor que os trabalhadores atribuíram ao significado da atividade laboral surpreendeu os acadêmicos: nove em cada dez deles estavam dispostos a trocar uma percentagem de seus rendimentos ao longo da vida por um maior significado profissional. Em todas as faixas etárias e salariais, os trabalhadores desejavam tanto algo significativo que estavam dispostos a pagar por isso. Aprofundando a pesquisa, os acadêmicos questionaram os participantes: "Se você pudesse encontrar um emprego que lhe oferecesse um significado consistente, quanto do seu salário atual você estaria disposto a abrir mão para fazê-lo?". Em média, os entrevistados estavam dispostos a renunciar a 23% de todos os seus rendimentos futuros para ter um emprego que fosse sempre significativo.

Esse resultado se aproxima das conclusões do estudo de um pesquisador de Harvard, Shawn Achor. Ele descobriu que quase 80% de seus entrevistados prefeririam ter um líder que se preocupasse com eles a receber um aumento salarial de 20%. "Se ignorar o papel dos outros no seu potencial, isso só vai jogar contra você", ele garantiu numa entrevista para o HSM Management.[14]

Todas essas pesquisas mostram que ser feliz no trabalho requer mais do que um bom salário. Bem mais. E indicam que as empresas devem olhar para esse cenário com atenção.

Vamos então falar mais detidamente dos principais problemas a serem enfrentados pelas organizações.

Sobrecarga

Em todas as empresas em que a Reconnect atuou, como Nestlé, Totvs e Stellantis, o grande ofensor na construção de uma cultura de bem-estar é a *sobrecarga*. Ter metas ambiciosas e buscar resultados expressivos é o desejo comum, porém a ideia de que só por meio da sobrecarga será possível alcançar esses resultados é um grande mito. No Brasil, ainda valorizamos e premiamos o workaholic, entretanto, o *workaholism* não gera resultados sustentáveis. Vivemos uma pseudoprodutividade; ou seja, estamos ocupados, mas não produtivos. Nos workshops para a liderança, costumo levantar essa reflexão: "Quais são os ofensores da produtividade em sua empresa?". As respostas costumam ser as mesmas, e são variações sobre o tema da sobrecarga:

- **Sobrecarga de reuniões:** a maior parte delas é considerada longa, mal administrada e improdutiva. Grande parte dos profissionais sente que está "perdendo tempo".
- **Sobrecarga de informações:** esse excesso muitas vezes é consequência da má comunicação, mas também ocorre pelo modelo de vida atual.
- **Mau uso da tecnologia:** ainda há falta de conhecimento, inclusive da própria inteligência artificial (IA), para automatizar processos repetitivos e burocráticos.

- **Cultura imediatista e falta de priorização:** se tudo é urgente, nada é prioridade. Se não há critérios claros do que realmente é imediato e importante, acaba-se realizando pouco.

- **Falta de foco:** temos uma mente divagante. Passamos quase 50% do tempo divagando[1] e, hoje, temos pouco controle sobre os gatilhos externos, como notificações on-line. Assim, boa parte do dia é desperdiçada sem sabermos onde.

Está na hora de revisarmos nossas métricas de produtividade, ainda baseadas no modelo fordista pós-Revolução Industrial de que *horas trabalhadas = resultados*. Em um trabalho intelectual, por exemplo, essa mensuração não diz nada. É preciso analisar entregas, resultados concretos/palpáveis. Afinal, podemos estar ocupados, mas não necessariamente realizando algo significativo ou relevante.

As pessoas trabalham, ou sentem que trabalham, horas demais por dia. E estão cansadas. A advogada Cristiane Ono explica que a sobrecarga ocorre quando os empregados recebem tarefas em excesso, levando à pressão extrema. Isso pode incluir jornadas longas, metas inalcançáveis, muitas demandas e prazos curtos. Ela destaca que a jornada excessiva pode ser comprovada pelos cartões de ponto e por mensagens e e-mails enviados fora do expediente. Muitos funcionários, por medo de parecerem incapazes ou de perderem o emprego, tentam lidar sozinhos com a sobrecarga, o que só agrava a exaustão. Porém, a responsabilidade de manter um ambiente de trabalho saudável é do empregador, que deve organizar a equipe, estipular metas realistas, treinar líderes, respeitar horários de descanso e estar atento ao bem-estar dos colaboradores.[2]

Uma pesquisa global feita pela empresa de software norte-americana Asana mostrou que 80% dos chamados "trabalhadores do conhecimento" relatam se sentir sobrecarregados ou próximos do esgotamento.[3] Isso significa que a maioria deles sente que tem muito a fazer e que não está tendo um desempenho bom o suficiente.

Alguns dos sinais de uma pessoa sobrecarregada no trabalho são:

- sentir ansiedade constante em relação a tarefas, reuniões e prazos;

- pensar no trabalho o tempo todo, mesmo à noite e nos fins de semana;

- sentir que precisa trabalhar horas extras para se atualizar;
- sentir-se pessimista em relação ao futuro e à sua capacidade de realizar tarefas;
- procrastinar trabalhos que precisam ser feitos;
- sentir-se física, mental ou emocionalmente exausta.

Como se vê, é difícil alguém ser produtivo e inovador diante desse quadro. Há uma percepção geral de que essa sobrecarga e esse cansaço generalizados afetam colaboradores de diversas áreas, mas nem sempre os gestores percebem o real impacto desse cenário nas entregas dos profissionais que estão sob sua responsabilidade e nos resultados de sua própria empresa. A ausência de uma reflexão atenta sobre as *causas* da sobrecarga persiste, possivelmente por demandar um posicionamento das empresas e das lideranças.

As causas da sobrecarga são diversas: desde o acúmulo de tarefas em um tempo limitado até a pressão da cultura corporativa, que exige desempenhos e entregas que vão além de sua descrição de cargo [*job description*]. Mas entre todas elas, as *reuniões* são um dos principais fatores.

O DRAMA DAS REUNIÕES E O ALTO CUSTO DA FALTA DE FOCO

Alguns indicadores mostram que, em geral, as reuniões abordam assuntos irrelevantes, são extensas, mal conduzidas, sem pautas definidas e improdutivas. Um levantamento feito pela empresa australiana Atlassian demonstrou que metade desses encontros é considerada desperdício de tempo, consumindo 31 horas mensais de forma improdutiva. A pesquisa também indicou que uma pessoa precisa comparecer, em média, a 62 reuniões por mês.[4]

A pandemia de covid-19 impactou esse cenário. Em 2023, um trabalhador dos Estados Unidos dedicava 288% mais tempo a reuniões em comparação ao período pré-pandemia.[5] Vale notar que a quantidade de trabalho não diminuiu — resultando, em uma conta simples, em menos tempo para as entregas.

Esse cenário de reuniões improdutivas e desnecessárias, adicionado à quantidade de trabalho que precisa ser feito, acabou gerando um novo comportamento: 73% dos profissionais do mundo inteiro realizam outras atividades *durante* as reuniões.[6] É uma tentativa de ser multitarefa, de conseguir dar conta de tudo. Mas isso, é claro, leva à improdutividade.

Inclusive, é o que diz uma pesquisa conduzida pela Universidade de Stanford:[7] realizar diferentes atividades ao mesmo tempo é menos produtivo do que fazer uma única coisa de cada vez. As pessoas que são regularmente bombardeadas com vários fluxos de informações eletrônicas não conseguem prestar atenção em tudo ao mesmo tempo ou mudar de um trabalho para outro, diferente daquelas que fazem uma coisa por vez.

Existe um senso comum bem disseminado de que algumas pessoas têm um dom especial para multitarefas ou de que as mulheres são assim por natureza, mas os pesquisadores de Stanford compararam grupos de indivíduos com base em sua tendência a realizar multitarefas e na crença de que isso ajudaria em seu desempenho. Descobriram que os que realizavam isso com frequência — aqueles que fazem um monte de coisas ao mesmo tempo e acreditam que isso aumenta seu desempenho — obtiveram, na verdade, um desempenho pior, pois tiveram mais problemas para organizar os pensamentos e filtrar informações irrelevantes, além de serem mais lentos ao mudar de uma tarefa para outra.

Durante uma de minhas consultorias, uma alta executiva me confessou que nos últimos meses tinha a sensação de que estava apenas reagindo às demandas e notificações que surgiam, sem realizar algo significativo de fato. Ou seja, passava o dia "apagando incêndios". Desmotivada e exausta, ela decidiu descobrir para onde ia seu tempo com uma ferramenta prática, um software de gerenciamento de tempo chamado Clockify. Na primeira semana de uso, os dados já se mostraram conclusivos: eram interrupções de todo lado, com várias tarefas ao mesmo tempo e muitas reuniões sem foco. Parecia que ela não tinha controle da própria agenda, o que a fazia terminar o dia esgotada e sobrecarregada. Diante desse cenário, ela começou a fazer mudanças em sua rotina: recusar o que não era prioritário e organizar melhor os momentos de foco, bloqueando as notificações e se concentrando naquilo que realmente importava. Além de perceber uma melhora na capacidade de execução, ela conseguiu também reduzir as horas extras, o que resultou em maior equilíbrio entre vida pessoal e profissional. É preciso ir no sentido contrário da multitarefa para entrar em um ciclo virtuoso, equilibrando qualidade de vida e resultados satisfatórios no trabalho.

Tentar fazer várias coisas ao mesmo tempo reduz a eficiência e o desempenho de modo geral, pois nosso cérebro só consegue se concentrar em uma atividade por vez. Ao tentar fazer duas tarefas de forma simultânea, o cérebro não tem capacidade para realizá-las com sucesso. E mais: um estudo da Universidade de Londres mostrou que, além de desacelerar o indivíduo, ser multitarefa diminui o quociente de inteligência (QI) — os participantes que fizeram um teste com multitarefas cognitivas experimentaram declínios na pontuação de QI semelhantes aos de pessoas que ficam acordadas a noite toda. Foram detectadas quedas de quinze pontos no QI para homens, reduzindo a pontuação para a faixa média de uma criança de oito anos. A pesquisa concluiu: "A multitarefa é um mito, uma miragem de produtividade do trabalho moderno. Há uma forma melhor de trabalhar. Ao definir prioridades, dividir seu tempo, evitar distrações e minimizar interrupções, você pode elevar seu desempenho".[8]

Não seria então melhor repensar as próprias reuniões em vez de continuar executando tarefas secundárias enquanto elas acontecem?

Além da improdutividade, a falta de foco leva também à infelicidade. Afinal, alcançar a felicidade, como veremos mais adiante, tem muito a ver com saborear o momento, estar presente. Se nossa mente está sempre divagando, errática, por uma infinidade de afazeres e resoluções, terminamos o dia sem nos lembrar de um único momento agradável ou substancial no trabalho. Estou em uma reunião, mas fico pensando nos itens que tenho de preencher em uma planilha e troco ideias com a mãe de um amiguinho do meu filho sobre a excursão escolar agendada para o fim do mês. Volto para minha mesa, respondo aos e-mails enquanto esboço um novo projeto para um cliente importante e ainda encomendo compras no supermercado. Depois chego em casa e peço comida pelo aplicativo ao mesmo tempo em que escolho o que vou assistir no streaming. É como se não estivéssemos presentes em nossas vidas. E isso traz infelicidade.

Pesquisadores de Harvard desenvolveram um aplicativo para iPhone que contatou 2250 voluntários em intervalos aleatórios para perguntar o quanto estavam felizes, o que estavam fazendo no momento e se estavam pensando na atividade atual ou em outra coisa agradável, neutra ou desagradável. O resultado mostrou que em 46,9% do tempo estamos divagando. "A divagação da mente parece onipresente em todas as atividades", diz Matthew Killingsworth, doutorando em psicologia em Harvard. "Esse estudo mostra que nossa vida mental é permeada, em um grau notável, pelo não presente." A questão é que uma mente divagante é uma mente infeliz, concluíram os autores do estudo, pois a nossa capacidade de pensar sobre o que *não* está acontecendo no momento presente tem um custo emocional.[9]

A ansiedade de dar conta de tudo que acontece no presente, enquanto pensamos no passado e nos preocupamos com o futuro, nos leva a uma espécie de pingue-pongue mental que pouco foca no aqui e agora. Diante disso, é preciso reconhecer que um profissional terá melhor desempenho ao definir blocos específicos na agenda: alguns para concentração profunda e outros para participação dedicada em reuniões — o que contribui para que esses encontros sejam mais curtos e produtivos. Essa é a primeira mudança que precisamos começar a gestar: refletir sobre o tempo que gastamos em atividades pouco produtivas e sobre como manter o foco. Se não revertermos isso, não conseguiremos melhorar a produtividade.

Segurança psicológica

Além da sobrecarga e da falta de foco, existe outro aspecto que contribui de forma importante para a infelicidade no trabalho: a falta de segurança psicológica nas empresas.

De modo geral, os líderes acreditam que proporcionam aos seus colaboradores um ambiente psicologicamente seguro, mas o que se vê na prática, na maioria das organizações, é um local onde há medo e silêncio. Uma pesquisa realizada pela empresa de consultoria McKinsey sobre cultura organizacional e segurança psicológica comprovou essa divergência: nela, 86% dos líderes acreditavam que sua equipe se sentia psicologicamente segura para compartilhar opiniões, enquanto apenas 40% dos colaboradores concordavam com essa visão.[1]

Embora abordado com profundidade desde 1999 por Amy Edmondson, professora da Harvard Business School, o conceito da segurança psicológica ainda encontra resistência para ser implementado nas empresas. Na definição da acadêmica, segurança psicológica é uma crença compartilhada pelos membros de uma equipe de que estão seguros para assumir riscos interpessoais.[2] Em outras palavras, trabalhar em um ambiente psicologicamente seguro significa não ter medo de se expressar. Acredito que essa é a base da felicidade corporativa e da sustentabilidade humana, o alicerce para que as pessoas se sintam mais seguras, confiantes, incluídas e felizes no trabalho. Com isso estruturado, é possível desenvolver outros aspectos que levam à felicidade e ao bem-estar, como o senso de realização e de pertencimento.

Entretanto, para construir a segurança psicológica, as lideranças das empresas precisam de *ferramentas emocionais* e *tempo* para desenvolver a escuta ativa e empática — algo que só será possível a partir de um redesenho do próprio trabalho. É preciso liberar, por exemplo, tempo na agenda do gestor, algo que veremos com mais detalhes no capítulo sobre redesenho do tempo. Para se ter uma ideia da importância desse tema, em outra pesquisa realizada pelo Pew Research Center, 89% dos colaboradores norte-americanos entrevistados disseram que a segurança psicológica está no topo de uma lista de qualidades e comportamentos que consideram essenciais no ambiente de trabalho.[3]

A falta de segurança psicológica pode se expressar de diferentes formas, como mostram alguns dados obtidos pela pesquisa feita pelo grupo da Ph.D. Michelle McQuaid que exemplificam a realidade atual das empresas: apenas 10,2% dos colaboradores australianos se sentem confortáveis para falar sobre sintomas de *burnout* na empresa onde atuam, e 69% não têm coragem de declinar uma reunião caso julguem necessário se ausentar.[4] Já em uma pesquisa da empresa de tecnologia Otter.ai em parceria com Steven Rogelberg, professor de ciência organizacional e gestão na Universidade da Carolina do Norte, colaboradores relataram que gostariam de declinar 31% dos convites para reuniões, mas acabam dizendo não a apenas 14%. A seguir duas razões pelas quais eles *não* declinam os *invites*:

- não querer chatear ou ofender o organizador da reunião (47%);
- receio de os colegas pensarem que o funcionário não está engajado no trabalho (45%).[5]

Mas podemos incluir:

- pressão hierárquica por participação;
- cultura da empresa, que pode prezar por reuniões excessivas, em que se espera que todos compareçam;
- rotina, pois muitos trabalhadores aceitam convites automaticamente, sem avaliar a relevância/necessidade ou se são opcionais;
- desejo de não ficar de fora, já que muitos temem perder informações ou discussões cruciais que podem afetar o trabalho;

- FOMO [*Fear of Missing Out*], isto é, medo de perder oportunidades de networking ou de influência dentro da empresa;

- incerteza sobre a relevância, quando não se tem clareza da pauta e as pessoas preferem comparecer para garantir que não perderão nada importante;

- medo de que a recusa de um convite possa ser entendida como forma de confronto ou como expressão de discordância.

Uma conversa aberta entre líderes e liderados sobre declinar reuniões, o que pode acontecer de forma natural em um ambiente de segurança psicológica, poderia mudar esse cenário por completo, já que 88% dos profissionais disseram que declinariam uma reunião se o gestor dissesse de modo explícito que essa era uma possibilidade. O problema é que 78% dos colaboradores informaram que seus gestores *nunca* falaram com eles sobre isso.[6]

A falta de segurança psicológica pode ter efeitos muito mais catastróficos que simplesmente a sobrecarga ou a desmotivação.

Em 2015, o Hospital Israelita Albert Einstein passou por um cenário desafiador, que acabou se transformando em uma oportunidade para a construção de um ambiente mais aberto e seguro psicologicamente. Após a morte de Júlia Lima, uma jovem de 27 anos, em decorrência de uma série de eventos adversos evitáveis, o hospital fez uma parceria com o Institute for Healthcare Improvement (IHI) e criou o Prêmio Júlia Lima para reconhecer e incentivar iniciativas que visassem eliminar ou reduzir erros médicos. Assim, deram um passo em direção à construção de um ambiente no qual as pessoas pudessem falar abertamente sobre suas preocupações, erros, dúvidas e ideias sem medo de punição ou julgamento, independente de seu cargo hierárquico. Além disso, o Prêmio Júlia Lima também atua como plataforma para criar soluções que melhorem a experiência do paciente e garantam uma assistência de alta confiabilidade. Em um ambiente hospitalar com segurança psicológica, tanto profissionais quanto pacientes podem colaborar de forma eficaz e transparente.

Por muito tempo acreditou-se que um modelo de sucesso na gestão deveria ser baseado no medo e na capacidade de comando e controle de seus líderes — modelo extremamente masculino, a propósito. Hoje sabemos que ele não funciona, mas persiste na maior parte das empresas. Precisamos redesenhar bastante os ambientes de trabalho, porque da forma como estão sendo operados não está bom nem para os colaboradores, nem para as próprias empresas.

Case: A jornada de redesenho na Unilever

Diante da evidência de que a saúde mental e, em particular, o *burnout* são temas relevantes e que impactam o ambiente de trabalho, a Unilever, uma das maiores empresas de bens de consumo do mundo, passou a abordar internamente a questão da segurança psicológica.

Para Lucyane Rezende Barros, diretora de RH na Unilever, ambiente saudável é um lugar onde as pessoas podem ser quem realmente são.

"É sobre o respeito às individualidades, sobre as pessoas poderem dizer o que sentem, sejam questões pessoais que estão passando que podem estar atrapalhando ou alavancando a vida delas, sejam questões relativas à própria rotina de trabalho", diz. E tudo isso está diretamente ligado a diversidade, equidade e inclusão. "A promoção desse tipo de ambiente está relacionada à saudabilidade organizacional, que promove performance e produtividade."

O trabalho na Unilever começou com as lideranças, incitando uma conscientização coletiva sobre o tema e mostrando que atitudes simples por parte dos gestores podem ter grande impacto no dia a dia do liderado para criar um ambiente mais sustentável. Segundo Lucyane, de início foi importante esclarecer que aquela não era uma ação específica de determinada área, mas um desejo e uma necessidade mais amplos, que permeariam toda a organização.

Na área financeira da Unilever, por exemplo, levou-se em consideração as particularidades do setor. Todos os meses, o período de fechamento contábil representa o pico de trabalho para a equipe. É quando há necessidade de maior foco e dedicação. Diante disso, por que não bloquear a agenda desses profissionais nos dias de fechamento para que possam focar nessa tarefa específica? Às vezes um líder marcava uma reunião durante esse período sem se dar conta de que o setor vivia o momento mais difícil do trabalho. Se é possível esperar alguns dias, melhor. Desde o estabelecimento dessa nova recomendação, a sobrecarga diminuiu e as rotinas ficaram mais produtivas, explica Lucyane.

Quanto às reuniões, foi adotada uma medida simples: avaliar caso a caso quem realmente precisava estar. "Às vezes a gente solta os convites e tem um monte de pessoas envolvidas, e muitas não sabem nem por que foram chamadas, só que elas não têm a liberdade de questionar o convite." A diretora de RH afirma que trazer consciência para esse tipo de questão gera um ambiente mais saudável, permitindo que todos possam levantar a mão para questionar o real motivo do *invite*. "São coisas simples, mas que ajudam muito na jornada."

Porém, Lucyane ressalta que, mesmo simples, essas medidas exigem mudança de hábitos. E a transformação ganha força quando a liderança reconhece que reduzir o tempo em reuniões permite que o funcionário seja mais produtivo, pois assim se engaja no tema e fica mais fácil fomentar a conversa.

A executiva entende que buscar um ambiente de trabalho mais saudável não requer, necessariamente, mudanças radicais. Devemos atuar nas áreas em que há oportunidades que podem ser produtivas para todos os lados:

"Queremos que as pessoas entendam que há um benefício para todos. A escuta ativa, por exemplo, é muito poderosa e pode ser um ganha-ganha. Mas o fato é que as pessoas precisam experimentar, precisam testar, precisam errar e depois saber que existem outros modelos e outras formas de trabalhar, e ter a consciência de que esse processo não é linear, tranquilo e sempre com bons resultados de imediato. A gente tenta... Não deu desse jeito? Vamos fazer outros arranjos."

Para ela, o fundamental é estar aberto às possibilidades.

Lucyane pontua também que não existe um modelo que consiga atender a todas as áreas da empresa. No caso da Unilever, uma companhia com 11,5 mil funcionários, existem rotinas muito distintas: "A realidade da área financeira, que tem as questões de fechamento contábil, é muito diferente da realidade da área de vendas, que não está dentro do escritório e vive outro contexto, que também é diferente da área de marketing, da do jurídico e assim por diante. Então, não massificar uma solução é importante".

Conflitos geracionais

Nem todo mundo percebe o trabalho da mesma forma. Atualmente, há quatro gerações trabalhando:

- *baby boomers*: nascidos entre 1946 e 1964;
- geração X: nascidos entre 1965 e 1980;
- geração Y ou *millennials*: nascidos entre 1981 e 1996;
- geração Z: nascidos entre 1997 e 2010.

As gerações mais antigas — os *baby boomers* e parte da geração X — são formadas por pessoas que costumam enxergar o trabalho como uma parte expressiva e fundamental da própria individualidade. Os *baby boomers* são (ou foram, quando jovens) idealistas e revolucionários. Querem transformar o mundo, e o trabalho é uma das principais formas para isso. Depois chegou a geração X, mais materialista e competitiva, almejando coisas concretas, como uma casa de veraneio ou um carro importado. Para alcançar esses feitos, essa geração entendeu que teria de se sacrificar. Para crescer na carreira, valeria se sobrecarregar de trabalho e até mesmo suportar abusos de suas lideranças. A meta é curtir a vida na aposentadoria, e então alcançar a felicidade.

Em seguida chegaram os *millenials* (ou geração Y) para questionar tudo isso. Eles desejam viver o aqui e agora, ter experiências transformadoras e, definitivamente, não prejudicar a saúde por dinheiro ou carreira. Essa geração começou a mexer com o status quo do mundo corporativo: eles querem um trabalho, mas não um qualquer. Querem algo que traga sentido e realização, que lhes proporcione uma vida mais equilibrada. Não estão dispostos a aceitar abusos das lideranças, sobrecarga de trabalho ou falta de respeito. Vale pontuar que, hoje, os *millennials* já são maioria na força profissional brasileira. Dados da Total Work Force Index mostram que eles representam 25% do total de 107 milhões de trabalhadores ativos no país. Em 2024, a segunda geração mais representativa é a Z, com 23%. Depois, a geração X, com 20% do total, e os *baby boomers*, com 16%.[1]

A geração Z, que em breve será a maioria, é composta de pessoas que querem dialogar e ser ouvidas, que anseiam em se comunicar. É uma geração que dá grande importância à ética e aos próprios valores. Essa característica, é claro, reverbera na carreira: não querem trabalhar em uma empresa que não esteja alinhada com seus princípios, que não tenha práticas ambientais, sociais e de governança (mais conhecidas como ESG, da sigla em inglês) ou que não considere pautas como diversidade e inclusão. Ao mesmo tempo, é uma geração menos flexível, com menor capacidade de adaptação.

É possível notar que são perfis muito distintos. Mas repensar o mundo do trabalho para que as pessoas conquistem maior satisfação, felicidade, engajamento, produtividade e melhores resultados requer olhar para todos da forma mais cuidadosa possível, a fim de minimizar os embates que essas diferenças podem trazer.

Existem duas palavras-chave que podem, se não eliminar, pelo menos atenuar esses conflitos. A primeira delas é *comunicação*. Conhecer melhor o valor da outra geração por meio de uma comunicação clara e aberta vai gerar empatia e compreensão mútua e abrir espaço para o diálogo e, como consequência, para a solução de problemas oriundos dessas diferentes perspectivas geracionais. A segunda palavra é *adaptabilidade*. Não existe a "geração certa", temos que empreender um esforço para entender o que cada uma pode oferecer em vez de apenas olhar as lacunas da outra. É fundamental valorizar as complementaridades. Quando a gente pensa no quão desafiador o mundo é hoje — e ele não vai deixar de ser complexo daqui para a frente —, essa complementariedade vai ajudar as organizações a superarem os obstáculos.

A seguir indico algumas estratégias que podem promover sinergia geracional no ambiente de trabalho.

1. Valorizar diferentes perspectivas

Trabalhadores mais experientes trazem, em geral, um profundo conhecimento da empresa, visão estratégica e habilidade para lidar com desafios de longo prazo. Já as gerações mais jovens costumam trazer ideias inovadoras, domínio de novas tecnologias e uma abordagem mais ágil para resolver problemas.

2. Mentoria reversa

Implementar programas de mentoria mútua para que haja a criação de um fluxo de aprendizado bidirecional.

3. Promover uma comunicação aberta e inclusiva

Estimular uma cultura de comunicação que permita a todas as gerações se expressarem sem julgamentos. Os mais jovens podem preferir comunicações totalmente digitais, enquanto os mais velhos podem valorizar conversas presenciais ou telefônicas. Reconhecer que ambos os estilos são válidos e permitir que coexistam pode melhorar o entendimento interpessoal na empresa.

4. Flexibilidade e adaptação

Horários flexíveis e modelo de trabalho híbrido podem ser apreciados por diferentes gerações e por diversas razões. Enquanto, por exemplo, os mais jovens tendem a valorizar a flexibilidade para conseguir equilibrar trabalho e vida pessoal, os mais velhos podem aproveitar para ajustar a rotina conforme as necessidades familiares ou de saúde.

5. Desenvolver projetos multigeracionais

Criar equipes etariamente diversas em projetos específicos pode gerar complementariedade.

6. Oferecer treinamento para reduzir preconceitos geracionais

Promover treinamentos de diversidade etária para reduzir estereótipos entre gerações, como a ideia de que os mais velhos são resistentes a mudanças ou a de que os mais novos são impacientes ou muito suscetíveis aos percalços do dia a dia.

7. Liderança inclusiva

Líderes preparados para gerir equipes multigeracionais são essenciais. Eles devem ser capazes de identificar as forças de cada grupo, mediar eventuais conflitos e criar um ambiente em que todos se sintam valorizados e igualmente reconhecidos.

Aqui vale ressaltar uma questão que hoje é bastante debatida e fomentada por um dado importante: segundo o IBGE, a pirâmide etária brasileira vem mostrando uma tendência de envelhecimento mais acelerada do que o previsto.[2] Para o mundo corporativo e suas relações, isso é muito importante, pois as empresas terão de se preparar para receber uma força de trabalho cada vez mais madura.

A pesquisadora Márcia Tavares, do Programa de Engenharia de Produção da Coppe/UFRJ, desenvolveu uma metodologia inédita pensando na gestão da longevidade nas empresas. "Segundo o Instituto de Pesquisa Econômica e Aplicada (Ipea), metade da força de trabalho brasileira terá mais de cinquenta anos até 2040. A presença continuada de trabalhadores com mais de sessenta anos é uma tendência emergente, e a maioria das empresas não está sendo bem-sucedida na gestão das capacidades desses profissionais." Ficam aqui algumas reflexões:

- Será que a cultura organizacional da sua empresa respeita e valoriza o corpo de colaboradores mais velho, entendendo que a segunda metade da vida de uma pessoa pode ser tão pulsante e produtiva quanto a primeira?

- Sua empresa humaniza os processos de aposentadoria?

- Toda a cadeia da organização está engajada e partilha dessa visão?

- A longevidade está incluída no planejamento estratégico da sua empresa?

- Existem políticas *age-friendly* na gestão de pessoas da sua empresa?

- Os benefícios de sua empresa contemplam as pessoas mais velhas, oferecendo serviços ou facilidades que façam sentido para elas?

Segundo Márcia Tavares, algumas empresas já desenvolvem programas de olho nessa nova tendência: "A Microsoft criou uma licença especial remunerada de quatro semanas para quem tem familiar em estado crítico, terminal. Há empresas que oferecem espaços nos quais os filhos podem deixar os pais sob cuidados e praticando atividades durante o dia. Mas no Brasil a realidade é diferente e, é um paradoxo, porque será um dos países que envelhecerão mais rapidamente nos próximos vinte anos. Nosso tempo de resposta não condiz com este cenário".[3]

É fundamental compreendermos que, no mundo do trabalho, um bom relacionamento intergeracional depende, em grande parte, do ecossistema da empresa. Há jovens recusando cargos de liderança por não acreditarem no modelo atual de gestão, e há trabalhadores mais velhos, e muitos que já até foram lideranças, retornando ao ambiente corporativo de um jeito totalmente diferente, mais alinhado aos propósitos de vida. E por que não? A idade não pode ser um obstáculo. Ela pode ser uma habilidade, e as empresas que entenderem isso sem dúvida saberão cultivar uma equipe de colaboradores mais produtiva e satisfeita.

Contra o viés da negatividade

Temos que dar ao nosso cérebro alguma ajuda para que ele aprenda com as boas experiências, que são a principal forma de construir resultados positivos e forças internas, incluindo a felicidade.
Rick Hanson[1]

Ambientes tóxicos, sobrecarga de trabalho, conflitos geracionais — ninguém pode estar feliz com o trabalho quando imerso nesse caldo.

O relatório "State of Global Emotions" [Relatório Global de Emoções] referente a 2024 e publicado pela empresa de pesquisa Gallup afirma que o mundo se encontra em um estado negativo acentuado. Essa conclusão tem como base as experiências positivas e negativas de mais de 147 mil indivíduos em 142 países.[2] Em 2022, 71% das pessoas em todo o mundo disseram que se sentiam descansadas, 72% que se divertiam, e 73% que sorriam/riam muito. Mas a Gallup pontua que embora a saúde emocional do mundo não tenha piorado quando comparada ao ano anterior, não há razão para relaxar. De forma elucidativa, o documento aponta que desde 2006 houve um aumento de emoções negativas, como estresse, tristeza, raiva e preocupação. Em 2022, cerca de quatro em cada dez adultos em todo o mundo disseram ter sentido muita preocupação (41%) ou estresse (40%), e quase um em cada três sentiu dor física (32%). Portanto, as emoções positivas podem estar em um patamar alto, mas o mundo tem, sim, um problema de bem-estar. O relatório mensura as respostas dadas a questionamentos sobre sensações de raiva, preocupação, dor física, tristeza e estresse, e as classifica no Índice de Experiência Negativa; a pontuação do Brasil em 2022 foi dez pontos superior à de 2007, por exemplo.

No trabalho, a infelicidade aparece em outra pesquisa, realizada pela empresa WeWork e intitulada "Tendências e perspectivas do trabalho WeWork Latam 2023",[3] na qual foram feitas mais de 250 entrevistas focadas e mais de 10 mil questionários digitais em cinco países (Argentina, Brasil, Chile, Colômbia e México). Nela, 55% dos profissionais brasileiros disseram que estão frustrados com algum aspecto de seu trabalho:

- 25% mencionaram a falta de flexibilidade como principal fonte de frustração;
- 14,5% estavam insatisfeitos com o salário;
- 11% citaram a falta de processos;
- 7% se sentiam frustrados pela falta de influência na tomada de decisões;
- 7% sentiam falta de reconhecimento.

Outros descontentamentos apontados foram falta de foco por parte das empresas, falta de tratamento humanizado, comunicação ineficiente, distância entre a casa e o trabalho e carga de tarefas.

O estudo ainda pontua que cada geração tem diferentes pontos de fricção no trabalho, sendo que a geração com maior nível de incômodo é a dos *baby boomers* — mais de 60% apresentou algum tipo de insatisfação. Para eles, a maior questão está relacionada ao salário; para os demais grupos geracionais, a flexibilidade é a grande fonte de desencantamento: o retorno ao modelo presencial tem suscitado debates e muita insatisfação.

Mas nem tudo está perdido... A neurociência comprova que é possível mudar hábitos e escolhas. Precisamos olhar para nós mesmos, como indivíduos, se quisermos ser mais felizes na vida e no trabalho. Nós, seres humanos, temos a tendência de colocar mais atenção naquilo que não dá certo em vez de dar holofote para o que dá ou para o que está bom. Funciona assim: se ao longo do dia tivermos uma reunião ruim e três boas, tendemos a ficar pensando na que foi ruim. E isso acontece o tempo todo. Focamos nas falhas, nas metas não batidas, nos resultados que não alcançamos, e esquecemos as coisas boas.

O problema é que esse comportamento nos deixa cada vez mais insatisfeitos, com a sensação de que sempre está faltando algo, de que não aproveitamos o nosso tempo como deveríamos, que podíamos ter feito mais. Para quebrar esse ciclo, é fundamental mudar essa mentalidade, entender que podemos e devemos celebrar as conquistas — todas, inclusive as pequenas. Mas isso não é algo automático. Tem de haver intencionalidade nessa mudança.

Para isso, comece olhando, ao longo de um dia, o que *está* funcionando. Talvez você não vá encontrar algo grandioso, como uma meta batida ou a assinatura de um contrato importante, mas pode ser que você tenha dado mais um passo para avançar em algum projeto ou tenha evoluído em algum tema. "As experiências que induzem emoções positivas fazem as emoções negativas se dissiparem rapidamente", escreveu Martin Seligman.[4] Considerado o pai da psicologia positiva, Seligman oferece um caminho para que a gente encontre a felicidade na carreira profissional (e na vida) — e é essa a ciência que dá base para a nossa proposta de redesenho do mundo do trabalho. A busca pela sustentabilidade humana, ou seja, pessoas mais felizes com o que fazem, é a chave para times mais engajados e produtivos.

Essa mudança de olhar — de sair da falta, do que está ruim, para jogar mais luz no que está bom — precisa ser aplicada nos processos e na rotina do trabalho e em todas as nossas relações. No relacionamento com o outro, a gente costuma sublinhar o erro, mirar no que desejamos que o outro tivesse ou fizesse, mas podemos mudar essa regra e tentar compreender como o jeito diferente de um colega de trabalho, por exemplo, pode complementar ou melhorar a nossa própria forma de agir ou de pensar.

A liderança tem um papel importante nesse contexto. De forma geral, no atual cenário corporativo, gestores colocam muito foco nas metas *não* atingidas e nos resultados *não* alcançados, quando poderiam entender que cada colaborador está em uma etapa e que *um bom trabalho se constrói passo a passo*. Um gestor que não celebra essas pequenas conquistas acaba desmotivando o time. E mais: também falha na própria função. Ao focar apenas nas cobranças, ele se torna incapaz de enxergar os passos de seus colaboradores dentro de uma jornada maior. Mais importante que chegar ao objetivo é perceber se a direção está correta, para implementar eventuais mudanças de rota quando necessário, mas nunca de forma desmotivadora ou acusatória.

O desafio é mudar hábitos. Identificar quais minam a nossa felicidade para então formar novos comportamentos que promovam bem-estar. E mais uma vez a ciência, em especial através da neurogênese e da neuroplasticidade, comprova que isso é possível.

Até a segunda metade do século XX, os neurocientistas acreditavam que o cérebro se estabilizava logo após o nascimento e que não mudava quase nada no decorrer da vida. Na verdade, dizia-se que piorava, porque a degeneração do órgão seria inevitável com a passagem do tempo. Mas novas descobertas mostram que não é assim que o cérebro funciona.

No início dos anos 2010, a neurocientista irlandesa Eleanor Maguire, da University College London (UCL), inspirou-se em pesquisas que mapearam os campeões de memória do mundo animal para desenvolver o próprio estudo.[5] Nelas, cientistas haviam observado que alguns pássaros e mamíferos, como os gaios (pássaros grandes que habitam bosques) e os esquilos, que enterram o alimento para consumi-lo mais tarde, possuíam o hipocampo — região cerebral crucial para a memória de longo prazo e a navegação espacial — significativamente maior que espécies similares sem esse comportamento, o que significa que deviam memorizar a localização de todos os seus esconderijos.

A partir disso, Maguire questionou se fenômeno semelhante ocorreria com os motoristas de táxi de Londres, pois, para obterem suas licenças, eles passam de três a quatro anos percorrendo a cidade em ciclomotores (que são motos de baixa cilindrada ou elétricas) com o intuito de memorizar um labirinto de 25 mil ruas e milhares de atrações turísticas e pontos de interesse. O treinamento é tão desafiador que apenas metade dos candidatos obtém a licença.

A neurocientista descobriu que os taxistas londrinos apresentavam mais massa cinzenta no hipocampo posterior que indivíduos de perfil similar (idade, escolaridade e inteligência) que não conduziam táxis. Em outras palavras, eles tinham centros de memória mais volumosos do que seus pares. Parecia que quanto mais tempo alguém conduzia um táxi, maior era o seu hipocampo, como se o cérebro se expandisse para acomodar as exigências cognitivas de navegar pelas ruas de Londres. Foram quatro anos de pesquisa medindo o crescimento do hipocampo dos participantes em equipamentos de ressonância magnética. E esse é apenas um estudo que comprovou a notável plasticidade do cérebro.

Outro exemplo é de uma série de pesquisas que demonstrou que a prática regular de meditação estimula diversas alterações cerebrais, que é o processo conhecido como neuroplasticidade, no qual se modifica tanto a estrutura quanto as respostas do órgão à experiência e ao aprendizado. Um estudo específico mostrou que meditar com regularidade pode alterar a concentração de massa cinzenta no cérebro, em particular em regiões associadas a atenção, percepção de estados corporais internos, processamento sensorial, aprendizagem, memória e regulação emocional. "Um crescente número de publicações tem demonstrado que os sistemas neurais são redes modificáveis e que mudanças na estrutura neural podem ocorrer em adultos como resultado de treinamento", afirmaram os pesquisadores.[6]

Logo, esses estudos demonstram que é possível mudar, criar conexões neuronais e estabelecer novos hábitos. O psicólogo Rick Hanson, pesquisador da Universidade da Califórnia, diz que "podemos usar o poder da neuroplasticidade para mudar o nosso cérebro e desenvolver forças interiores para que possamos ser mais felizes, mais confiantes e mais calmos — não importa o que a vida coloque no nosso caminho".[7] Ele explica que nossos pensamentos esculpem o cérebro; portanto, é possível usar a mente com consciência para transformá-lo positivamente.

Mesmo que seja difícil eliminar hábitos antigos em função dos caminhos neuronais já construídos, procure colocar novos no lugar. Por exemplo, se você estiver com vontade de fumar, escolha associar esse hábito a alguma outra ação que te dê um prazer similar. Antes de reagir de maneira impulsiva a uma situação desagradável no trabalho, opte por uma abordagem mais consciente, fazendo, por exemplo, uma série de respirações longas e profundas antes de responder a uma mensagem ou se manifestar numa reunião. Lembre-se de que o gatilho sempre estará lá, o diferencial está em seu autocontrole.

Construir esses novos hábitos não é uma tarefa fácil, mas é possível. Hanson e Richard Mendius, autores de *O cérebro de Buda: Neurociência prática para a felicidade*, comentam que existe uma assimetria positiva/negativa na nossa experiência.

Um único evento negativo requer vários eventos bons para neutralizar e reequilibrar o indivíduo. As pessoas têm mais palavras para emoções negativas, em todas as línguas testadas, do que para emoções positivas, e utilizam-nas com mais frequência. Estudos sobre o processamento cognitivo mostram que acontecimentos ruins e experiências emocionais prendem mais a atividade cerebral e têm maiores efeitos comportamentais do que emoções agradáveis. Em testes de como as pessoas regulam seus próprios afetos, elas passam mais tempo escapando das emoções ruins do que promovendo as emoções boas.[8]

Hanson explica que o viés de negatividade do cérebro se desenvolveu ao longo da evolução do ser humano com o propósito de sobrevivência. Afinal, o cérebro aprende de forma muito mais eficiente com os eventos negativos dolorosos, assustadores e ameaçadores — uma característica que permitiu que nossos ancestrais evitassem muitas situações perigosas e sobrevivessem para transmitir o conhecimento. Essa tendência à negatividade, embora tenha sido crucial em termos evolutivos, dificulta a internalização de experiências positivas. Contudo, no mundo contemporâneo, essa negatividade gera conflitos e estresse desnecessários. O desafio é guiar esse cérebro primitivo para uma perspectiva mais equilibrada. Felizmente, isso é possível com práticas intencionais e consistentes, podendo assumir o controle de nossas reações e transformá-las positivamente.

Parte II

A ciência da felicidade

Desde os filósofos gregos, a busca pela felicidade é a questão-chave do ser humano. Aristóteles dizia que "a felicidade é o significado e o propósito da vida, todo objetivo e fim da existência humana". Ou seja, não importa o que estejamos procurando — sucesso, propósito, conforto, poder —, estamos sempre perseguindo a felicidade como fim. Mas, afinal, será que ela é algo possível de ser conquistado?

Nunca se falou tanto em bem-estar e vida plena, com saúde mental e emocional. Talvez porque os indicadores atuais apontem justamente uma realidade oposta: segundo a OMS, o Brasil lidera o ranking mundial de ansiedade, ocupa o segundo lugar em síndrome de *burnout* e o quinto em depressão.

Pode ser que estejamos buscando a felicidade da forma errada. Tendemos a vincular nossa satisfação a objetivos futuros, em geral atrelados a conquistas materiais ou grandes feitos. Esse é o grande mito da felicidade: serei feliz quando me casar, comprar uma casa maior, ganhar meu primeiro milhão, alcançar a fama, conquistar o corpo perfeito, ter milhares de seguidores nas redes sociais. Então, focamos todos os nossos esforços para adquirir o máximo no menor tempo possível. E nos impomos metas rigorosas: casar até os trinta anos, ter filhos até os 35, tornar-se CEO antes dos quarenta, aposentar aos 65 e com dinheiro suficiente guardado para então curtir a vida. E tudo isso, claro, com corpo atlético, a saúde em dia, os filhos bem-educados. Mas essa busca incessante afasta a felicidade e dá lugar à ansiedade, ao cansaço e à exaustão emocional e física.

A verdade é que toda vez que conquistamos algo, há duas armadilhas que impedem uma felicidade duradoura. A primeira delas é que elevamos constantemente nossas expectativas — "fui promovida a analista sênior e já quero a posição de gerente". O segundo ponto é a comparação social: sempre haverá alguém com "mais" do que o que acabei de conquistar — mais sucesso, mais dinheiro, com um casamento aparentemente melhor, uma casa mais espaçosa.

Sonja Lyubomirsky, pesquisadora de psicologia positiva e ciência do bem-estar na Universidade da Califórnia, define felicidade como "uma experiência de alegria, contentamento ou bem-estar positivo, combinada a uma sensação de que a vida é boa, significativa e valiosa".[1] Essa frase vai ao encontro do que Paul Dolan, professor de ciência comportamental na London School of Economics and Political Science, diz: "Felicidade vem de experiências de prazer e propósito ao longo do tempo".[2]

Isso significa que, para encontrar a felicidade, precisamos equilibrar os prazeres da vida hedônica e o propósito da vida eudaimônica. A felicidade hedônica, embora real, é temporária: ao conquistar uma promoção no trabalho, por exemplo, sente-se um momento de prazer e felicidade, mas ele logo termina e é substituído pela busca do próximo objetivo.

Não se pode negar que a vida hedônica, de prazeres e conquistas materiais, é importante. Mas ela não é suficiente. Percebi isso anos atrás, quando parecia ter uma vida perfeita, mas sentia um enorme vazio. A verdadeira satisfação requer integrar esses prazeres da vida hedônica ao que Aristóteles chamava de eudaimônica, uma vida de virtudes e autorrealização, com significado.

Para aprofundar o tema, buscando entender o quanto as circunstâncias externas são determinantes para a nossa felicidade, Lyubomirsky, em seus estudos, criou um gráfico chamado *Happiness Pie* — ou "gráfico da felicidade" —, que apresenta três fatores determinantes para a nossa felicidade.

O primeiro é a predisposição genética, ou *set point*, uma espécie de ponto de partida da felicidade que todos temos. Nascemos com maiores ou menores inclinações naturais para sermos mais otimistas, sorridentes etc. Mas esse *set point* não muda muito ao longo do tempo e não é um fator determinante.

O segundo aspecto são as circunstâncias externas da vida, que exercem menor influência na felicidade daqueles que têm as condições básicas atendidas. Embora muitos considerem esse fator fundamental — e até o usem como justificativa para a infelicidade —, sua influência é mais significativa para quem não tem acesso fácil às necessidades básicas. Surpreendentemente, esse aspecto tem pouco peso no gráfico de Sonja, contrariando a crença comum de que "serei mais feliz quando alcançar uma vida mais próspera ou quando tiver um bebê".

O terceiro aspecto — e o mais relevante — é que pesquisadores descobriram que uma parte significativa do gráfico da felicidade vem das nossas ações intencionais. Ou seja, se nos dedicarmos e nos esforçarmos para ter uma vida mais feliz por meio de escolhas e hábitos diários, podemos, mesmo com os desafios do mundo atual e das circunstâncias externas, ter de fato uma vida mais feliz. Isso significa que é algo que está sob o nosso controle. Então, como podemos aproveitar esse potencial a nosso favor?

Podemos ser felizes?

Genética

ponto de partida

Circunstâncias externas

mitos da felicidade

Atividades intencionais

escolhas

As proporções que Lyubomirsky[3] apresenta são aproximações baseadas em muitos estudos anteriores. Embora não sejam absolutas, revelam os elementos mais importantes da felicidade. A pesquisadora diz: "Se você olhar para as pessoas mais felizes, todas realmente têm relacionamentos e parcerias estáveis e gratificantes — até mesmo com seus animais de estimação". Elas também são mais gratas, mais prestativas e filantrópicas, tendem a ser mais otimistas quanto ao futuro e vivem mais o momento presente. Além disso, saboreiam os prazeres da vida, fazem das atividades físicas um hábito, muitas vezes são espiritualizadas ou abraçam uma religião (espiritualidade e religião não são um pré-requisito para a felicidade, mas há uma correlação). Por fim, segundo a pesquisadora, pessoas mais felizes estão profundamente comprometidas com metas e objetivos de vida significativos, desde criar filhos com valores éticos até construir uma casa ou se dedicar a uma causa social.

Claro que não é tão simples assim. Começar a imitar tudo o que as pessoas mais felizes fazem não garante a felicidade. Porém, a mensagem mais ampla é válida: *podemos agir intencionalmente para sermos mais felizes*. Usando minha própria experiência como exemplo, quando descobri que existia uma ciência dedicada ao estudo da felicidade, mergulhei nas obras de seus principais autores e encontrei a inspiração e o incentivo de que precisava para mudar minha própria vida.

A psicologia positiva

Na segunda metade do século XX, surgiu uma nova abordagem na psicologia, conhecida como quarta onda ou psicologia positiva. Diferente da psicologia tradicional, que costuma focar no tratamento de disfunções e transtornos, a psicologia positiva veio para complementá-la, com o objetivo de explorar e promover os aspectos positivos da vida humana. Em vez de se concentrar apenas no que está errado, essa nova vertente busca entender e cultivar qualidades e experiências que contribuem para uma vida mais plena e satisfatória.

O psicólogo Abraham Maslow apontou quatro revoluções no desenvolvimento da ciência psíquica ocidental. A primeira foi a psicanálise de Sigmund Freud, que desvelou o inconsciente, postulando um determinismo psíquico; a segunda foi o behaviorismo, inspirado em Pavlov, que pesquisa a conduta observável e se baseia em um determinismo comportamental; a terceira foi o movimento humanista, que enfatiza o potencial de autodesenvolvimento e a inclinação para a saúde do ser humano e transcende a visão reducionista e focada apenas nas deficiências e nos mecanismos reflexológicos. Segundo Maslow, esta foi a força de transição para uma quarta revolução, surgida nos anos 1960 e centrada no cosmo: a abordagem transpessoal, que trata dos estados ampliados e transcendentes da consciência.[1]

A expressão *psicologia positiva* foi cunhada em 1998 pelo ex-presidente da American Psychological Association (APA), Martin Seligman, e por Mihaly Csikszentmihalyi, professor de psicologia da Claremont Graduate University.[2]

Ela trata da construção de uma vida mais saudável e de autorrealização, com mais bem-estar e significado, e sua proposta é agir antes de as pessoas adoecerem e chegarem a estágios de depressão ou ansiedade, como uma espécie de prevenção, para que se mantenha a saúde mental. Seligman diz que a terapia, muitas vezes, acaba chegando tarde demais. Se agíssemos "quando o indivíduo ainda está bem, intervenções preventivas economizariam um oceano de lágrimas".[3] Para ele, antes de adoecermos e desenvolvermos algum transtorno de saúde mental, podemos focar em fomentar experiências positivas que nos levem a um estado mais pleno, mantendo a saúde.

Assim, Seligman construiu as bases da psicologia positiva em três pilares. O primeiro é o estudo das emoções positivas, que busca compreender sentimentos como alegria, gratidão, esperança; o segundo foca nos traços positivos, em especial as forças e virtudes humanas, como coragem, sabedoria e empatia, além de suas capacidades, como a inteligência e a aptidão física. O terceiro pilar explora as instituições positivas, como a democracia, a família e a liberdade, que criam um ambiente favorável para o cultivo de virtudes e, por consequência, apoiam o florescimento desse tipo de emoção.[4]

Algumas pessoas acham que a psicologia positiva nega doenças, transtornos e síndromes, mas não é assim. A questão é que a psicologia tradicional já olha para esse quadro e atua no restabelecimento da saúde emocional. No entanto, existe um enorme universo de pessoas que estão no "meio do caminho": não têm depressão, transtorno de ansiedade, *burnout*, mas tampouco estão felizes ou florescendo. A psicologia positiva entra justamente aqui, pois lhes oferece ferramentas da ciência para que busquem mais bem-estar e felicidade. Seligman e seus pares, ainda na década de 1990, perguntavam-se se de fato fazia diferença ser otimista, resiliente e grato. E a resposta é sim. Isso nos deixa mais saudáveis e em um estado de contentamento mais perene.

Entre os estudos de longo prazo mais conhecidos que demonstram a ligação entre a psicologia positiva, a saúde e o bem-estar está o das freiras católicas da School Sisters of Notre Dame. Foi solicitado a 180 freiras, todas com cerca de vinte anos de idade, que registrassem seus pensamentos em diários. Quase seis décadas depois, em 1986, um grupo de pesquisadores acessou os arquivos do convento e tentou codificar o conteúdo emocional positivo desses relatos, investigando possíveis correlações com a mortalidade das freiras. Palavras e contextos textuais relacionados a gratidão, felicidade e realização entraram como emoções positivas, e aqueles ligados a raiva, medo ou tristeza como negativas. A conclusão foi que o conteúdo emocional positivo estava significativamente relacionado à longevidade das irmãs. As freiras que expressaram mais emoções positivas em seus textos viveram em média dez anos a mais do que as que expressaram menos emoções positivas. Em outras palavras, as freiras mais felizes viviam mais do que as menos felizes (vale pontuar que não eram pessoas deprimidas).[5]

Os benefícios dos recursos psicológicos positivos também foram documentados em outros contextos culturais. Na cultura japonesa, por exemplo, o conceito de bem-estar subjetivo que costuma ser mais utilizado é o sentimento de "vida que vale a pena ser vivida", conhecido como *ikigai*. Em um estudo populacional conduzido em Ohsaki com 43 391 adultos, a ausência de *ikigai* foi associada de forma significativa a um maior risco de mortalidade por todas as causas ao longo do tempo. Entre os que relataram possuir um *ikigai*, havia maior probabilidade de estarem vivos após sete anos de acompanhamento da pesquisa, em comparação com aqueles que não encontravam esse senso de propósito. Perceber o valor de estar vivo pode servir como motivação. Esse senso de "vida que vale a pena" parece oferecer uma âncora psicológica e emocional que tem a capacidade de impulsionar comportamentos mais saudáveis e resilientes.[6]

A psicologia positiva nos diz algo similar: que aderir a algo maior trará significado para sua vida. Muitas pessoas que buscam sentido e propósito acabam se voltando para crenças da nova era ou retornando a religiões tradicionais, na esperança de presenciar algum tipo de milagre ou intervenção divina. No entanto, para aqueles com uma perspectiva mais científica, a ideia de um propósito transcendental soa insustentável. A psicologia positiva, nesse sentido, oferece uma alternativa: uma abordagem prática e secular a fim de encontrar um propósito e um sentido de transcendência, sem a necessidade de crenças sobrenaturais.[7]

Martin Seligman criou então um modelo de seis pilares — o PERMAH — para mensurar esse bem-estar subjetivo e nos apresentar um caminho ou um guia de quais atividades intencionais podem nos trazer uma vida mais plena e realizada.

Felicidade é intenção

Felicidade é uma construção e depende de autoconhecimento, autorresponsabilidade e disciplina. Tem mais a ver com a jornada do que com um momento específico. Mas é possível definir exatamente quais escolhas, hábitos e atitudes podem nos trazer mais felicidade? Foi para responder a essa pergunta que Seligman criou o PERMAH.

Psicologia positiva
Pilares para construção de uma vida feliz

Positive emotions ou *Emoções positivas*
São os sentimentos de alegria, prazer e satisfação com a vida. De fato, uma parte da nossa felicidade vem dessa busca pelo prazer. Diversos estudos científicos comprovam que experiências que nos trazem prazer, como passear, sair com amigos ou meditar, produzem um efeito positivo no cérebro, o que melhora o humor e a sensação de bem-estar.

Engagement ou *Engajamento*
O segundo pilar é o estado de *flow* — quando realizamos ações em que nos sentimos engajados e não percebemos o tempo passar. É possível alcançar esse estado ao buscar atividades que nos desafiam, porém que estão dentro das nossas capacidades. Se não houver desafio, nos entediamos. Se são muito difíceis, ficamos ansiosos. Precisamos exercitar o autoconhecimento para entender no que somos bons. A recomendação de Seligman é focar nas suas paixões, nos seus talentos, ser autêntico e encontrar o que te traz engajamento.

Positive relations ou *Relações positivas*
Apesar de sermos uma sociedade hiperconectada, nunca nos sentimos tão solitários — e não são poucos os estudos que indicam isso. Temos milhares de seguidores nas redes sociais e ninguém nos dá a mão quando precisamos. Busque construir relações positivas e, quando conquistá-las, valorize-as. Esse é o maior preditivo da felicidade.

Meaning ou *Significado*
Todos precisamos de um chamado, uma missão, um propósito, o sentimento de que estamos conectados a algo maior que nós mesmos. Não caia na armadilha de achar que alcançará um propósito depois que parar de trabalhar, se casar ou alcançar alguma posição de destaque. Sentir que a vida tem significado está mais relacionado à jornada do que a uma grande e apoteótica chegada.

Accomplishment ou *Realizações*
De nada adianta viver de sonhos e idealizações. Atingir metas, conquistar algo e progredir traz uma sensação de competência e sucesso.

Health ou *Saúde*

O "H" foi adicionado mais tarde à sigla PERMAH e enfatiza a importância da saúde física no bem-estar mental. Comer bem, praticar atividades físicas com regularidade e ter noites de sono de qualidade são fundamentais e influenciam de forma direta nosso desempenho e nossa satisfação.

O que percebemos é que, ao integrar o modelo PERMAH nas práticas do local de trabalho, as organizações podem criar ambientes onde os colaboradores se destacam nas suas funções e desfrutam de um nível elevado de bem-estar e satisfação.

A verdade é que a felicidade é simples. Ela tem a ver com o dia a dia, com ser verdadeiro consigo mesmo e se conhecer. Está ligada a ter algo com o que sonhar, praticar boas ações, ser mais positivo e cuidar de si mesmo e das relações.

O mundo não é perfeito. A vida sempre apresenta desafios, as relações interpessoais não são fáceis, e nós, como seres humanos, ainda temos um viés negativo, que é a tendência natural do cérebro de dar mais peso às experiências e informações negativas do que às positivas ou neutras. Mas podemos buscar autoconhecimento e escolher a felicidade: viver o aqui e o agora, criar conexões mais profundas e abraçar as emoções positivas.

Hoje trabalho com sustentabilidade humana e felicidade corporativa e levo esses conceitos e suas aplicações para organizações dos mais diversos setores. Posso dizer que encontrei um propósito profissional, mas é importante ressaltar que nem sempre descobrir o que seria isso exige uma mudança brusca na carreira, como aconteceu comigo. É um mito pensar que não se pode ter propósito trabalhando em uma grande empresa.

Quando relembro a época em que eu trabalhava numa multinacional, reconheço que meu cargo de liderança impactava a vida de muitas pessoas, e eu sempre buscava construir algo que também fosse justo para os clientes. Um propósito não precisa necessariamente ser nobre, disruptivo ou estar ligado a um empreendimento pessoal ou a organizações sem fins lucrativos. Essa crença leva muitas pessoas a abandonarem uma boa oportunidade.

No passado, eu acreditava que trabalhar com marketing traçando estratégias de venda para produtos não poderia ter um propósito elevado. Mas hoje, ao refletir sobre como eu impactava o meu entorno, percebo que havia um valor relevante e positivo em minhas ações. Qualquer um pode encontrar sentido no trabalho, se sentir realizado e criar boas conexões.

Amy Wrzesniewski, psicóloga organizacional norte-americana, explica como podemos ver o trabalho de três formas: *emprego*, *carreira* ou *missão*. Em suas pesquisas, encontrou médicos totalmente comprometidos com sua ascensão profissional (carreira), outros que diziam trabalhar apenas para pagar as contas (emprego), e ainda no mesmo hospital havia aqueles que encaravam o trabalho como uma missão: "Trabalho para curar vidas", diziam.

Todos nós podemos encontrar nossa missão em atividades diárias. Eu acredito que a minha é ajudar as pessoas a criarem ambientes laborais e formatos de trabalho mais felizes, diversos e inclusivos, mesmo que no dia a dia eu tenha que resolver a contabilidade da minha empresa e fazer reuniões comerciais — tarefas que não me fazem necessariamente feliz. Porém, ao contrário do que as redes sociais podem demonstrar, felicidade não é sentir alegria 24 horas por dia. Na vida real, como seres complexos que somos, atravessaremos altos e baixos, experimentando emoções positivas e negativas o tempo todo.

Retomo aqui uma frase de Paul Dolan que gosto muito e já citei neste livro: "Felicidade vem de experiências de prazer e propósito ao longo do tempo".[1] Eu concordo totalmente com ele: são esses pilares que nos trazem felicidade.

O trabalho pode ser uma das fontes para alcançar sentimentos de alegria e autorrealização, mas isso requer uma busca ativa de nossa parte. Nas próximas páginas, explorarei caminhos práticos para implementar ações na sua organização que podem promover mais felicidade.

Parte III

A sustentabilidade humana no trabalho

> *Para construir uma organização verdadeiramente sustentável é essencial considerar a sustentabilidade humana como parte central da estratégia de negócios. Isso envolve criar políticas e práticas que promovam o equilíbrio entre vida pessoal e profissional, a saúde mental e o crescimento contínuo.*
> Jen Fisher, diretora de sustentabilidade humana da Deloitte

A sustentabilidade humana transcende métricas convencionais, englobando o bem-estar, a resiliência e a sustentabilidade nos níveis individual, de equipe e organizacional. Vivemos uma era movida pelo potencial humano; passamos de uma economia industrial para a era do conhecimento e, agora, para uma economia que se alimenta da essência da nossa humanidade.

Para as organizações, a sustentabilidade deve ir além do impacto ambiental, abrangendo todo o ecossistema pessoal — do corpo de colaboradores e prestadores de serviços até clientes, fornecedores e membros da comunidade. O valor gerado para os trabalhadores e todos os demais *stakeholders* através de conexões humanas genuínas resulta nos ativos mais preciosos de uma empresa:[1] receitas, inovação, eficiência, relevância da marca, produtividade e adaptabilidade.

No entanto, muitas organizações falham em priorizar de maneira adequada essas ligações vitais, em parte porque a maioria delas ainda está presa a uma mentalidade baseada na *extração* de valor das pessoas, em vez de colaborar com elas para construir um futuro mutuamente benéfico.

Para avançar efetivamente na dimensão social do ESG,[2] as lideranças precisam reorientar suas organizações em torno da sustentabilidade humana. Isso significa criar valor real para as pessoas a partir da melhoria de sua saúde e bem-estar, do fortalecimento de competências e maior empregabilidade, da ampliação de oportunidades de crescimento, do avanço em direção à equidade, do cultivo do senso de pertencimento, do estabelecimento de conexão com propósito e da valorização do reconhecimento — aspectos contemplados nos três redesenhos que serão propostos neste livro: do tempo, do trabalho e das relações.

O conceito da sustentabilidade humana representa uma inversão na lógica corporativa tradicional: em vez de focar em como as pessoas beneficiam a organização, prioriza-se *quanto a organização beneficia as pessoas*. As empresas que adotam essa perspectiva estabelecem um ciclo virtuoso, em que a melhoria dos resultados humanos afeta de forma positiva os resultados organizacionais e vice-versa.

Estudos têm demonstrado isso de forma consistente. Por exemplo, o Centro de Pesquisa de Bem-Estar da Universidade de Oxford identificou uma "forte relação positiva entre o bem-estar dos funcionários e o desempenho da empresa".[3] Quanto mais elevados os níveis de bem-estar, maiores são os lucros e os retornos de ações. Outro estudo mostra que as organizações com as melhores práticas em gestão de pessoas apresentaram, em cinco anos, um retorno sobre o capital próprio 2,2% mais elevado, 50% menos emissões de CO_2 por dólar de receita e têm duas vezes mais chance de oferecer remuneração justa aos seus colaboradores.[4]

Em resumo, a sustentabilidade humana visa produtividade, mas também quer pessoas prósperas, saudáveis e engajadas. É uma estratégia que reconhece os colaboradores como protagonistas, cujo bem-estar impacta diretamente o sucesso da organização. As empresas que priorizam esse conceito tendem a ver melhorias na inovação, resiliência e competitividade. Essa abordagem envolve uma liderança consciente, que pondera com cuidado o impacto de suas decisões sobre o bem-estar das pessoas e o futuro da organização.

O papel da liderança humanizada e consciente

A liderança humanizada e consciente é fundamental para promover uma cultura de sustentabilidade humana. De forma geral, esses líderes estão mais bem preparados para criar um ambiente de trabalho inclusivo, sendo mais compassivos, resilientes e adaptáveis — qualidades essenciais para navegar pela complexidade dos cenários modernos. A liderança consciente ajuda a construir confiança e transparência, incentiva a comunicação aberta e garante que a força de trabalho esteja alinhada com os objetivos e valores da organização — um alinhamento que deve ser construído, não imposto.

Esse é um estilo de liderança no qual os gestores desenvolvem a capacidade de estar presentes, manter a mente aberta e ser compassivo ao interagir com os membros da equipe — e, não menos importante, demonstrando o mesmo cuidado e consideração com eles mesmos. Em vez de adotar padrões reativos, desligam o "modo ocupado" da mente para perceber e responder ao momento presente.

A pessoa que ocupa esse cargo entende a relevância da sustentabilidade humana porque costuma enxergar o panorama geral da organização, criando soluções para problemas que outros simplesmente nem percebem. Ao cultivar um senso de segurança psicológica, inspira as pessoas a sua volta a darem o seu melhor, justamente porque se sentem cuidadas e valorizadas por seus pontos fortes e seu esforço. Os colaboradores reconhecem que o líder consciente se preocupa de verdade com eles, e isso os motiva. Não se trata apenas de cobrar resultados ou metas, mas de criar um ambiente inspirador e propício para que isso seja alcançado.

Segundo a Randstad, empresa especializada em soluções de trabalho e recursos humanos, 60% dos profissionais pedem demissão em razão de uma má liderança, que não necessariamente é alguém que prejudica ou faz mal ao time de forma consciente, mas que não inspira, não direciona ou desenvolve a equipe e não é empático. Certa vez, uma aluna me relatou que durante muitos anos trabalhou em uma empresa onde se sentia motivada, até não sentir a empatia de sua líder. Na época, ela havia acabado de perder a mãe de forma inesperada e, obviamente, estava muito abalada. Depois dos dias de licença, ela ainda não se sentia preparada para voltar ao trabalho, então ligou para a líder e contou como se sentia. A líder apenas apontou que havia uma reunião importante naquele dia e que seria melhor se ela pudesse participar. Minha aluna sempre foi muito dedicada ao trabalho, porém esse comportamento a desmotivou por completo. Depois disso, decidiu não se dedicar além do necessário e começar a buscar outro emprego. A atitude pouco empática de uma liderança acabou com o engajamento de uma ótima profissional.

Os líderes também impactam a saúde mental dos colaboradores, e é fundamental que estejam preparados para os desafios de gerir em um mundo BANI (sigla em inglês para frágil, ansioso, não linear e incompreensível),[1] híbrido, globalizado e desafiador. Embora não tenhamos sido preparados para esse cenário, devemos assumir a responsabilidade de fazer a diferença em um time, para que ele floresça — e não adoeça.

O mundo atual demanda novas formas de trabalhar. As relações estão mais dinâmicas, e isso pode ser um facilitador, mas será necessário mudar o *mindset*. O desafio é perceber que a produtividade não depende de horas trabalhadas e controle constante. Essa mentalidade, que supostamente já nos levou ao sucesso, hoje tem levado ao *burnout* e à ansiedade. A discussão sobre horários reduzidos, autonomia e flexibilidade é essencial para resultados sustentáveis nas empresas e na sociedade. A sustentabilidade nos negócios requer sustentabilidade humana, harmonizando trabalho com outros aspectos da vida. As empresas não podem ser mais um ofensor na saúde mental de seus profissionais.

Segundo a consultoria McKinsey, 70% do *burnout* é resultado de ambiente tóxico, práticas abusivas, assédios, injustiças e competição. Às vezes essa toxicidade é evidente, mas na maior parte das vezes ela é bem sutil. Em uma multinacional em que atuei como consultora, por exemplo, iniciativas de diversidade começaram a ganhar força nas contratações e na atração de talentos, mas foram prejudicadas por lideranças despreparadas que faziam "piadas" e "brincadeiras" extremamente ofensivas. Apesar de os ofensores nem perceberem o que faziam, as pessoas foram adoecendo — é a velha história do "mas sempre foi assim", perpetuando preconceitos, ignorância e abusos. As empresas precisam entender que a forma como seus líderes atuam pode de fato enfermar seus times. Uma pesquisa feita pelo The Workforce Institute com mais de 3 mil pessoas em dez países revelou que líderes impactam mais a saúde mental dos colaboradores (69%) do que terapeutas (41%) e tanto quanto um parceiro amoroso![2]

Precisamos desenvolver formas mais eficientes, eficazes, produtivas, saudáveis e flexíveis de trabalhar. Porém, antes de tudo, devemos reconhecer que a cultura de bem-estar não é antagonista dos resultados — talvez ela seja a única forma de continuar a inovar e criar de forma sustentável. E, na verdade, a mudança já está acontecendo. Seremos meros observadores ou protagonistas nesse processo? O que você tem feito?

A construção de uma cultura de bem-estar

Por muito tempo enxergamos o trabalho como um fardo. Adam Smith, importante filósofo e economista, falava que ele seria sempre o sacrifício de certa "parcela de bem-estar, liberdade e felicidade".[1] O próprio termo *trabalho* deriva da palavra latina *"tripalium"*, que significa "três paus" e era usada para nomear um instrumento de tortura. De algum modo, essa ideia continua habitando nosso inconsciente, e isso tem consequências. De acordo com dados da Associação Nacional de Medicina do Trabalho (ANAMT), cerca de 30% dos trabalhadores brasileiros sofrem com a síndrome de *burnout*.[2] Segundo o relatório "State Of The Global Workplace", da Gallup, 44% dos colaboradores da América Latina se sentem estressados; 20%, tristes; e 13%, solitários. Apenas 32% se sentem engajados em seus trabalhos, enquanto 40% pretendem mudar de emprego.[3]

Estamos cansados, sobrecarregados e não queremos mais viver para trabalhar. Não está bom para os profissionais, tampouco para as empresas. É preciso reconstruir nossa relação com o trabalho, encarar a causa-raiz dessa infelicidade. A maior parte das organizações ainda não entendeu que felicidade corporativa não é oferecer benefícios superficiais ou programas de bem-estar. Tudo isso é bem-vindo, mas não é suficiente. Um ambiente bonito, distribuição de brindes, festas de fim de ano... todos esses aspectos são o que chamamos hoje de *fatores higiênicos*. Eles fazem parte da Teoria dos Dois Fatores, proposta nos anos 1950 por Frederick Irving Herzberg, um psicólogo norte-americano, mas antes vamos voltar um pouco no tempo.

Em 1943, o também psicólogo Abraham Maslow[4] concebeu o conceito que ficou conhecido como a pirâmide de Maslow, na qual representava a hierarquia das necessidades humanas. Segundo essa teoria amplamente aceita, para alcançar as necessidades mais altas da pirâmide, é preciso antes satisfazer as mais básicas, que estão na base.

Pirâmide de Maslow

Sendo assim, para que um indivíduo pense em autoestima, confiança e realização pessoal, ele precisa, antes, estar plenamente atendido nas questões mais básicas de sobrevivência, como ter acesso a água, comida e moradia.

Foi depois de Maslow que Herzberg aplicou esse conceito ao contexto laboral.[5] Sua teoria demonstra que, no trabalho, as pessoas são impulsionadas por dois fatores: os motivadores e os higiênicos. Enquanto os motivadores *estimulam* a satisfação, os higiênicos *previnem* a insatisfação no trabalho.

Isso significa que, para começar a pensar em alcançar a satisfação, a felicidade e o engajamento no trabalho, os fatores higiênicos precisam ser atendidos, pois constituem a base da pirâmide. Salário em dia, pacote de benefícios mínimos, ambiente agradável e funcional são fatores higiênicos, afinal ninguém vai trabalhar mais feliz por causa da decoração ou do vale-refeição e alimentação. São, como dito, o mínimo necessário. Logo, previnem a insatisfação, mas não trazem felicidade.

Entretanto, cada empresa tem um grau de maturidade diferente em relação a esse assunto. Algumas organizações vão dizer que um ambiente satisfatório é aquele com mesa de pingue-pongue, piscina de bolinhas e máquina de refrigerante; outras entenderão que uma iluminação adequada já é o suficiente. Independente do grau de entendimento, não são esses os fatores que fazem o colaborador acordar todos os dias motivado, engajado e feliz para ir trabalhar. A partir do momento em que a empresa cumpre os fatores higiênicos, ela precisa pensar na próxima etapa: identificar o que realmente deixa as pessoas felizes, os verdadeiros motivadores — para usar o termo de Herzberg —, e como construir uma cultura de bem-estar.

O primeiro passo é assegurar a harmonia entre trabalho e vida pessoal. Depois, dois aspectos cruciais precisam ser desenvolvidos: garantir um ambiente de segurança psicológica, que é a base da felicidade corporativa, e cultivar os sentimentos de reconhecimento, valorização, pertencimento de comunidade e conexão, que proporcionarão mais qualidade de vida ao trabalhador. Soma-se a isso mais um aspecto, que são os resultados do trabalho em si: as pessoas precisam sentir que estão se desenvolvendo e que suas atividades têm impacto real. Isso as fará encontrar mais significado em suas atividades diárias.

A chamada *work-life harmony*, ou harmonia entre trabalho e vida pessoal, passou a ser uma das principais demandas, em especial das novas gerações. Para os que acham que são exigências demais, vale lembrar que quando o empregador se torna *aliado* de seus colaboradores, isso, no mínimo, aumenta a lealdade e o comprometimento deles com a empresa.

A seguir listo, de forma bem sucinta, algumas maneiras pelas quais as empresas podem promover esse equilíbrio.

1. Horários flexíveis

A flexibilidade de horário permite que os colaboradores organizem suas rotinas conforme as necessidades pessoais e familiares. Embora sua implementação possa exigir ajustes nos horários de entrada e saída, ou que alguns trabalhem menos horas em certos dias para compensar em outros, o esforço vale a pena. Os benefícios incluem uma significativa redução da sensação de estresse e aumento da autorresponsabilidade, resultando em profissionais mais disponíveis, satisfeitos e comprometidos com o trabalho.

2. Opções de trabalho remoto ou híbrido

Essas modalidades permitem que os colaboradores reduzam ou eliminem longos deslocamentos. O trabalho remoto pode também melhorar a produtividade, além de reduzir custos com transporte e alimentação.

3. Política de desconexão

Quando incentivados a se desligarem por completo do trabalho fora do horário de expediente ou nas folgas semanais, sem serem sobrecarregados por e-mails, mensagens ou telefonemas fora de hora, os profissionais se libertam da sensação de disponibilidade constante, o que promove uma recuperação mental e física *real*.

4. Incentivo a pausas e férias

A valorização do direito a férias e pausas regulares durante o dia para melhorar a concentração só traz vantagens. É essencial que as pessoas relaxem e renovem as energias para retornar ao trabalho com mais motivação.

5. Benefícios

Programas de bem-estar voltados para a saúde física e mental, como academias, suporte psicológico ou mesmo a flexibilização de horário para consultas médicas e atividades físicas podem ser um diferencial importante.

6. Suporte para pais e cuidadores

Licença parental remunerada, creche no local de trabalho, horários flexíveis para lidar com compromissos familiares e dias de folga para emergências reduzem a pressão que pais, filhos e cuidadores enfrentam no dia a dia.

7. Feedback

Feedbacks constantes, seja com pesquisas ou com conversas periódicas, são uma forma importante para avaliar o nível de satisfação dos colaboradores e identificar pontos de melhoria, demonstrando, no mínimo, o quanto a empresa está comprometida com o bem-estar de seus funcionários.

A partir de agora, utilizarei como base os pilares do PERMAH para propor ações práticas que as empresas podem implementar visando a felicidade de seus colaboradores. É importante ressaltar que incorporar essas atividades na rotina organizacional exige compromisso com a formação de novos hábitos. Um plano de felicidade corporativa em geral é gratuito e simples, mas precisa de dedicação para ser colocado em prática. E esse é o desafio. Não adianta trabalhar as relações se as pessoas estão sobrecarregadas, assim como não há benefício em promover ações de qualidade de vida sob uma liderança tóxica. Vamos, portanto, aprender a redesenhar o tempo, o trabalho e as relações.

Parte IV

Desenhando uma cultura corporativa saudável

Nas últimas décadas, a tecnologia transformou completamente nossa vida. A transição do mundo analógico para o digital exigiu que a força de trabalho se adaptasse cada vez mais rápido aos mais diversos cenários, e a evolução exponencial da inteligência artificial é um caminho ainda incerto, embora irreversível. O ponto aqui é a *imprevisibilidade do processo* — para onde estamos indo, afinal?

Em 1931, o economista John Keynes, buscando combater o pessimismo geral provocado pela perda de empregos oriunda da crise de 1929, arriscou dizer que nos anos 2000 provavelmente teríamos uma jornada de trabalho de quinze horas semanais. "Keynes prognostica um aumento tão acentuado da produtividade que, no prazo de cem anos, estaríamos em vias de nos livrar da necessidade de trabalhar para satisfazer as necessidades básicas."[1] Sobraria tempo para o lazer e a cultura. Mais recentemente, Bill Gates sugeriu que caminharíamos para uma semana de três dias de trabalho, uma vez "que as máquinas podem produzir todos os alimentos e outras coisas".[2]

Contudo, o cenário atual é bem diferente. Nunca trabalhamos tanto, nossos índices de saúde mental são alarmantes, e o avanço da tecnologia não reduziu a sobrecarga; pelo contrário, nos mantém 24 horas conectados. Há excesso de informação, reuniões demais, distrações constantes, falhas na comunicação, e às vezes parece que não há saída.

Para alcançarmos a felicidade no trabalho por meio de uma cultura corporativa saudável será necessário *redesenhar o tempo, o trabalho e as relações* no ambiente corporativo. E aqui vale ressaltar que estamos mesmo falando de *felicidade*, e não apenas de bem-estar. Tal Ben-Shahar, PhD em psicologia pela Universidade Harvard, costuma dizer que nada substitui esse sentimento. Em seus estudos sobre a ciência da felicidade, ele identifica cinco aspectos do bem-estar[3] que, quando praticados, conduzem à felicidade. Ou seja, o bem-estar pode ser a *base*, mas não é a felicidade em si. Por isso prefiro usar o termo, pois a metodologia que vamos apresentar não dá conta apenas do bem-estar físico.

Daniel Kahneman, psicólogo e economista israelense-americano conhecido pelo seu trabalho na psicologia do julgamento e na tomada de decisões, bem como na economia comportamental, trabalho pelo qual recebeu o prêmio Nobel de 2002 em ciências econômicas, também prefere definir felicidade desse modo, em particular no ambiente corporativo. Kahneman diferencia *satisfação* de *felicidade*. Para ele, a primeira é retrospectiva, enquanto a segunda ocorre em tempo real. Satisfação é uma avaliação racional, já a felicidade é uma avaliação de experiência emocional.

Então, para sermos de fato felizes no trabalho, precisamos primeiro atingir a satisfação básica: receber um salário justo e benefícios e usufruir de um ambiente saudável. Alcançada a satisfação, é preciso ir além para chegar à felicidade. Mas o que exatamente significa esse "além"?

A consultoria de recrutamento Robert Half ouviu mais de 23 mil profissionais de diferentes países, setores e idades para compor o estudo "It's Time We All Work Happy" [É hora de todos trabalharmos felizes].[4] O levantamento revelou os principais fatores que proporcionam felicidade para os colaboradores de uma empresa, com elementos comuns entre todas as faixas etárias e gêneros, ainda que com diferentes níveis de importância:[5]

- orgulho da organização;
- ser tratado com igualdade e respeito;
- sentimento de valorização pelo trabalho feito;
- trabalho interessante, desafiador e significativo;
- senso de inclusão, pertencimento e equidade;

- relações de trabalho positivas;
- ambiente com segurança psicológica;
- flexibilidade.

É interessante observar como as motivações estão ligadas a atitudes, valores e crenças, e não diretamente a salários e benefícios, ainda que, como pontuado anteriormente, salários e benefícios sejam a base para a satisfação no trabalho.
Em particular entre os *millenials* (ou a geração Y), que em 2024 foram a maioria da força de trabalho, o caminho para a felicidade na vida profissional envolve:[6]

- oportunidades de aprender e desenvolver suas carreiras (90,6%);
- flexibilidade e equilíbrio entre vida pessoal e profissional (75%);
- salário e benefícios (59,4%);
- empresa com valores e cultura respeitáveis (53,1%);
- estabelecimento de relações sólidas com os colegas de trabalho (43,8%);
- autoeficácia e autonomia (28,1%);
- ambiente de trabalho salutar e promissor (28,1%).

Para a geração Z, que está prestes a se tornar a maioria na força de trabalho, as expectativas incluem:[7]

- sentimento de valorização, inclusão e empoderamento (96%);
- exploração e desenvolvimento de novas habilidades, em vez de focar em uma só (80%);
- liderança que se importe tanto com o desenvolvimento pessoal quanto com o profissional (79%);
- benefícios como fator decisivo em novas funções (em média, colaboradores da geração Z estão dispostos a aceitar um corte salarial de 19% em troca de benefícios adequados) (53%);

- disponibilidade de trabalho remoto (39%);
- manutenção do modelo remoto ou híbrido para colaboradores que já o adotaram (71%).

A força de trabalho da geração Z tem altas expectativas quando o assunto são os aspectos ambiental, social e de governança (ESG) no local de trabalho: 73% deles sairiam de uma empresa se suas práticas comerciais não fossem éticas; 68% deixariam a organização se não ela não fosse sustentável, enquanto 62% o fariam por questões de diferenças sociais e 58% por divergências políticas.

Redesenho do tempo

Quando falamos em redesenho do tempo, temos que apontar os principais ofensores da produtividade dentro das organizações. Quais são eles?

- As reuniões.
- O excesso de comunicação e de informações.
- O mau uso da tecnologia.
- As distrações.

De forma geral, tentamos ser multitarefas, mas, conforme já foi dito, isso não nos torna mais produtivos. Porém, muitas vezes as pessoas estão sendo multitarefas porque é o que podem fazer com o tempo disponível que têm. Então, precisamos redesenhar o tempo. Dá para trabalhar menos dias da semana, menos horas e manter a produtividade? Sim. E existem muitos exemplos que provam isso — os projetos-piloto da semana de quatro dias são um deles.

A SEMANA DE QUATRO DIAS

Quando o assunto é redesenho do trabalho, a semana de quatro dias foi o caminho trilhado por algumas empresas. Mas que fique claro que esse novo formato não é simples; ou seja, não é só tirar a sexta-feira da semana e pronto. É muito provável que suprimir um dia da jornada de trabalho resulte em mais sobrecarga e estresse para todo mundo, então isso só funciona se houver um redesenho do tempo *real*.

COMO COMEÇOU

A ideia da semana de quatro dias surgiu em 2018 com Andrew Barnes, um empresário da Nova Zelândia. Durante suas pesquisas sobre produtividade, ele notou que em todo o mundo as pessoas eram de fato produtivas apenas de duas a três horas por dia, mesmo cumprindo jornadas de oito horas. Paralelamente, notou que a maioria se sente sobrecarregada. Então, concluiu que o problema central era a improdutividade, resultado do excesso de distrações: muitas reuniões, processos internos mal estruturados ou burocráticos, falhas na comunicação, entre outras.

Diante desse cenário, Barnes propôs um desafio para sua equipe: trabalhar um dia a menos por semana, ou seja, ter mais um dia de folga, em troca de maior produtividade nos outros dias. Ele estabeleceu que no dia livre todos poderiam fazer o que quisessem, desde que entregassem em quatro dias o mesmo volume de trabalho de uma semana tradicional.

O time topou, e esse projeto-piloto foi um sucesso em todos os âmbitos. As pessoas se sentiram mais dispostas, houve melhora na saúde mental e no bem-estar, e a empresa começou a registrar ganhos de produtividade, uma receita maior e mais facilidade para atrair e reter talentos.

Essa empresa era a Perpetual Guardian. Depois disso, Andrew Barnes fundou, junto com Charlotte Lockhart, a 4 Day Week Global, com o objetivo de remodelar a maneira como pensamos o trabalho, deslocando o foco das horas trabalhadas para a produtividade.

Os primeiros programas-piloto da semana de quatro dias foram implementados em 2022 e se expandiram para diversos países, como África do Sul, Austrália, Estados Unidos, Irlanda, Portugal, Reino Unido e Nova Zelândia, em todos obtidos resultados promissores. Em 2023, o projeto chegou ao Brasil por meio de uma parceria entre a 4 Day Week Global e a Reconnect Happiness at Work & Human Sustainability.

COMO FUNCIONA

Na semana de quatro dias, os funcionários recebem 100% do salário por 80% do tempo trabalhado, mantendo metas de produtividade de 100% — ou seja, devem continuar produzindo o mesmo que antes do piloto.

O princípio 100-80-100, desenvolvido por Charlotte Lockhart e Andrew Barnes, é a metodologia compartilhada com as empresas que participam dos projetos-piloto da 4 Day Week Global. Essas organizações recebem consultoria para redesenhar seus processos internos, visando reduzir as horas trabalhadas dos colaboradores sem comprometer a produtividade e, claro, sem gerar sobrecarga. Embora a prática mais comum seja trabalhar de segunda a quinta-feira, com folga às sextas, o modelo é flexível. As empresas podem optar por outro dia de folga ou por um modelo de redução de 20% do tempo com dias mais curtos, ambos exemplificados abaixo:

- trabalhar quatro dias "inteiros", por exemplo, 4 dias × 8 horas por dia;
- trabalhar cinco dias "mais curtos", por exemplo, 5 dias × 6 horas por dia.

Não há uma receita única, e cada reorganização do tempo precisa ser pensada caso a caso. Mas, de forma geral, esses são os principais redesenhos necessários na estrutura:

- diminuição da quantidade de reuniões;
- otimização das reuniões, com pauta pré-definida e compartilhada antecipadamente com todos;
- produção de ata ao fim de cada reunião indicando os próximos passos ou tarefas de cada pessoa ou área presente. Essa ata pode ser gerada com ajuda de inteligência artificial, por exemplo;
- ampliação do trabalho assíncrono (em que o importante é a realização do trabalho, e não o horário ou local em que ele será executado).

Sabemos que nem sempre esses aspectos são fáceis de ser implementados. A maioria dos líderes costuma argumentar que precisa dos colaboradores por pelo menos oito horas por dia e cinco vezes por semana. Com o formato híbrido de trabalho dificultando esse controle, muitas empresas têm optado pelo retorno ao modelo presencial justamente para poder "vigiar" as horas trabalhadas. No entanto, já sabemos que isso não necessariamente se correlaciona com produtividade — afinal, eu posso ficar horas na frente do computador navegando de forma aleatória na internet ou só respondendo mensagens de WhatsApp sem produzir de fato.

Por isso, uma das soluções propostas é permitir o momento de hiperfoco do colaborador — pois, com frequência, com uma hora de concentração total, sem distrações, ele consegue realizar todas as suas entregas. Precisamos desconstruir a mentalidade de que é preciso trabalhar muito para produzir o necessário. Quem nunca ouviu um colega de trabalho *se vangloriar* por ter trabalhado até a meia-noite ou ter acordado às cinco da manhã para terminar uma tarefa?

RESULTADOS

Todos os projetos-piloto feitos até aqui apresentaram resultados promissores. Mesmo nos Estados Unidos, que tem fama de ser um país workaholic, houve uma experiência positiva — todas as empresas de lá quiseram seguir com o modelo de trabalho após doze meses da experiência inicial.[1]

No projeto-piloto da região, que envolveu também o Canadá, participaram 41 empresas, sendo 32 delas dos Estados Unidos. A maior parte das organizações tinha entre onze e 25 colaboradores e atuava nas seguintes áreas: serviços e marketing, terceiro setor e tecnologia. No total, 988 pessoas participaram.

As experiências dos colaboradores permaneceram altamente positivas doze meses após o piloto, com uma classificação inalterada de nove (em uma escala até dez). As medidas de autoavaliação em saúde física e mental melhoraram ao longo desses doze meses, e houve um aumento nas pontuações de equilíbrio entre vida pessoal e profissional. Segundo a análise, 69% experienciaram redução de esgotamento, 59% reportaram queda nas emoções negativas, 45% passaram a se sentir menos cansados, 40% se sentiram menos estressados e 40% têm, agora, menos dificuldade para dormir. A ansiedade caiu para 39% dos pesquisados.

Na questão de equilíbrio entre trabalho e vida pessoal, três em cada quatro pessoas (74%) estavam mais satisfeitas com seu tempo na semana de quatro dias, e os conflitos entre família e trabalho caíram para seis em cada dez pessoas entrevistadas (61%). Ainda de acordo com a análise, houve uma grande melhoria na produtividade autorrelatada, com um aumento de 57% na capacidade de trabalho atual dos funcionários em comparação com o melhor desempenho da vida.[2] Mais da metade das pessoas (51%) afirmaram se sentir mais no controle dos próprios horários. Quase todos (95%) reduziram em média 5,3 horas por semana do tempo de trabalho, passando de uma jornada de 40,1 para 35,6 horas. Após doze meses, 95% dos colaboradores quiseram continuar com a semana de quatro dias.

Alguns dos feedbacks dos profissionais que participaram do piloto no Brasil são esclarecedores:

- "É a possibilidade de viabilizar a concomitância de vida pessoal e profissional."

- "A semana de quatro dias não é um prêmio, mas um empenho coletivo. Exige aprendizado, mudanças e foco de todos."

- "O maior desafio e o maior aprendizado de sucesso foi conseguir alinhar a minha rotina em blocos de trabalho, focando assim nas minhas atividades de maneira assertiva."

Juliet Schor, professora do Boston College e principal pesquisadora do estudo, enfatizou: "É importante observar que essa redução contínua de horas não foi alcançada por meio do aumento da intensidade do trabalho, em que as pessoas tiveram que acelerar e comprimir cinco dias de tarefas em quatro. Em vez disso, elas operaram de forma mais eficiente e continuaram a melhorar essas capacidades à medida que o ano avançava".

Em uma escala de um a dez, as empresas avaliaram o teste com nota 8,7, reportando grande satisfação com os níveis de produtividade, desempenho e capacidade de atrair funcionários. Elas também observaram um aumento médio de 15% nas receitas ao longo do projeto-piloto.

Vale destacar que a implementação da semana de quatro dias oferece às organizações um diferencial competitivo para atrair e reter talentos. Diferente de salário ou bônus, que qualquer empresa pode oferecer, trabalhar quatro dias por semana se torna de fato um diferencial.

No piloto da América do Norte, houve redução significativa no número de funcionários que consideravam deixar seus empregos, com 32% deles declarando menor propensão a sair doze meses após o início do projeto-piloto.

O CASO DO REINO UNIDO

O maior piloto da semana de quatro dias foi realizado no Reino Unido durante seis meses, com sessenta empresas e mais de 3 mil pessoas envolvidas.[3] Os resultados gerais mostram que quase todas as organizações pretendem seguir com a semana de quatro dias após o teste, com 91% optando por continuar com o modelo de maneira definitiva ou em fase de planejamento, e outras 4% inclinadas a continuar. Apenas 4% dos participantes não quiseram manter a mudança.

As empresas avaliaram a experiência global nos testes com uma média de 8,5 (em uma escala que vai até dez), com a produtividade e o desempenho empresariais pontuando 7,5 cada. A receita aumentou 35% nos períodos de teste em comparação com períodos semelhantes do ano anterior, e as contratações aumentaram enquanto o absenteísmo diminuiu.

A saúde e o bem-estar dos funcionários também melhoraram, com aumentos significativos observados na saúde física e mental, no tempo gasto com exercícios e na satisfação geral com a vida e o trabalho. As taxas de estresse, esgotamento e fadiga caíram, e os problemas de sono diminuíram. Os resultados ambientais também foram encorajadores, com o tempo de deslocamento reduzido em toda a amostra em meia hora por semana.

Participante do experimento, a agência de marketing Trio Media, com sede em Leeds, na Inglaterra, tem nove colaboradores, e a CEO da empresa, Claire Daniels, se assegurou de comunicar a todo o time sobre as mudanças propostas. Para ela, era importante que a empresa continuasse aberta aos clientes cinco dias por semana, então propôs dividir o time em dois grupos: metade trabalharia de segunda a quinta-feira, e outra metade, de terça a sexta-feira. Foram formadas duplas para lidar com as contas dos clientes e garantir a continuidade dos trabalhos. Segundo Daniels, a transição foi suave e apenas pequenos ajustes foram necessários. Na percepção dela, a produtividade se manteve igual, ainda que não tenha indicadores prévios para usar como comparativo, como acontece com muitas empresas de menor porte. "Manter a produtividade dentro de horas de trabalho reduzidas e com os benefícios adicionais que obtivemos é uma grande vitória", relatou a CEO.

O desempenho financeiro da empresa, dado facilmente mensurável, aumentou 36% na comparação com os seis meses anteriores e 47% em relação ao ano anterior. "Tivemos meses de vendas recordes durante o piloto, e atribuo isso a uma equipe mais feliz", comentou.[4]

AVALIAÇÃO NO LONGO PRAZO

Dados coletados doze meses após alguns dos projetos-piloto mostram conclusões positivas sobre a iniciativa. Com entrevistados de organizações nos Estados Unidos, no Canadá, no Reino Unido e na Irlanda, o levantamento indicou que:[5]

- o número médio de horas trabalhadas por semana continuou caindo além do período de seis meses, aproximando ainda mais os colaboradores da meta de 32 horas semanais após um ano;
- as pessoas continuam trabalhando de forma mais eficiente em vez de acelerar e manter o mesmo tipo de trabalho que tinham na semana de cinco dias;
- embora os níveis de esgotamento tenham aumentado um pouco seis meses após a conclusão do projeto-piloto, a maior parte da melhoria foi mantida;
- as pontuações na autoavaliação da saúde física e mental aumentaram entre o início e o final do piloto e continuaram melhorando ao longo dos doze meses;
- a satisfação com a vida permaneceu estável, sem mudanças significativas entre o final do piloto e a avaliação doze meses depois;
- a satisfação no trabalho apresentou ligeira regressão após doze meses, mas continua superior à classificação inicial. Isso sugere que os efeitos positivos de uma semana de trabalho de quatro dias podem estar mais profundamente enraizados no bem-estar geral dos indivíduos do que apenas na satisfação no trabalho;

- os participantes relataram uma melhoria na capacidade de conciliar o trabalho com sua vida social. As pontuações aumentaram de maneira significativa entre o início e o final do projeto e continuaram a melhorar durante os doze meses;

- a experiência geral com a semana de quatro dias permaneceu altamente positiva, com uma avaliação inalterada de nove (em uma escala que vai até dez).

Se considerarmos o tamanho da população global, fica evidente que os projetos-piloto da semana de quatro dias alcançam uma parcela pequena de trabalhadores. A desconfiança em relação ao trabalho remoto persiste mesmo após a pandemia, quando o isolamento forçado quebrou, ao menos em parte, esse paradigma, demonstrando a viabilidade do trabalho à distância.

Acredito que a semana de quatro dias ganhará mais visibilidade depois dos resultados nos projetos-piloto. Mas a resistência ainda é grande. Um exemplo ilustrativo é o caso de um empresário brasileiro que manifestou interesse em participar do piloto, mas enfrentou a enorme resistência de seus diretores, que temiam o custo e a perda da produtividade. Embora compreensíveis, esses receios foram dissipados após alguns meses de implementação prática da iniciativa.

Nem todos estão dispostos a experimentar novos modelos, mas experiências bem-sucedidas podem transformar essa mentalidade.

É VIÁVEL PARA QUALQUER SETOR?

O modelo da semana de quatro dias parece naturalmente viável para a indústria criativa. No entanto, setores como hotelaria, gastronomia, educação infantil e saúde também experimentaram esse formato, apesar de enfrentarem desafios aparentemente maiores.

No setor de saúde, que hoje enfrenta altos índices de *burnout*, uma expressiva taxa de absenteísmo por licenças médicas (muitas vezes relacionadas à saúde mental) e elevada rotatividade, existem casos internacionais bem-sucedidos de várias clínicas médicas ou casas de repouso que mudaram os turnos de suas equipes de enfermagem de oito para seis horas, mantendo o mesmo pagamento. Alguns hospitais também testaram turnos mais curtos para equipes cirúrgicas.

Um caso de sucesso foi na cidade de Gotemburgo, na Suécia, onde uma casa de repouso chamada Svartedalen reduziu a jornada de trabalho para seis horas diárias (ou seja, diminuiu as horas, mas manteve os cinco dias semanais). A iniciativa visava melhorar a saúde e o bem-estar das enfermeiras e a qualidade dos cuidados prestados aos pacientes/residentes. Cerca de noventa enfermeiras e médicos tiveram seus horários alterados, e quinze novos profissionais foram contratados para compensar as horas perdidas. Em contrapartida, desde a implementação desse plano, houve diminuição das faltas e licenças médicas, aumento no número de procedimentos realizados e redução no tempo de espera dos pacientes. Podemos resumir essa experiência em dois grandes pontos:

- **Retenção e recrutamento:** antes da implementação, a casa de repouso tinha sérios problemas de retenção de funcionários e gastava muito com recrutamento. Depois de diminuir as horas de trabalho, o *turnover* (rotatividade de funcionários) foi reduzido, resultando em menos custos de recrutamento e menos necessidade de contratação temporária.
- **Custo-benefício:** apesar de terem tido que contratar mais funcionários para cobrir as horas que foram reduzidas, os gestores descobriram que a economia que obtiveram praticamente cobria esse custo. Trocando em miúdos, houve um custo adicional de 140 mil euros com salários, quase compensados pelos 120 mil euros que economizaram por não terem mais que utilizar agências temporárias ou pagar taxas de recrutamento.

Os funcionários também relataram uma melhora significativa em seu bem-estar. O menor nível de estresse e a maior satisfação com o trabalho refletiram de maneira positiva na qualidade de seu atendimento aos pacientes. Resultados como esse sugerem a possibilidade de expandir o desafio da semana de quatro dias para o setor da saúde, que necessita urgentemente repensar seus formatos de trabalho.

SEMANA DE QUATRO DIAS NO BRASIL

O projeto da semana de quatro dias no Brasil começou em setembro de 2023[6] e teve duração total de nove meses: três meses de preparação e planejamento e seis meses de implementação. O período preparatório, de setembro a dezembro, incluiu *masterclasses*, encontros de facilitação, networking e sessões para esclarecimentos de dúvidas. Os participantes também tiveram acesso a uma comunidade mundial dos pilotos 4 Day Week Global, que compartilha recursos digitais, experiências e cursos gravados com fundadores e facilitadores. Nessa fase, as empresas participantes realizaram entrevistas qualitativas semiestruturadas com seus fundadores ou lideranças seniores. É importante destacar que as empresas tiveram liberdade para escolher o formato de semana de quatro dias, tendo como únicas condições manter os salários inalterados (em 100%) e proporcionar aos funcionários uma redução significativa no tempo de trabalho.

O piloto englobou empresas de diferentes perfis, desde microempreendimentos com cinco colaboradores a organizações de médio porte. A maioria (70%) fez o teste considerando a participação de todo o seu quadro de funcionários, enquanto apenas seis organizações optaram por testar de modo preliminar alguns departamentos específicos. No total, foram 252 trabalhadores envolvidos.

A maioria das empresas estava localizada em capitais e grandes centros do país, como São Paulo, Rio de Janeiro, Belo Horizonte, Curitiba, Porto Alegre e Campinas. A seguir listo os principais motivadores para aderir ao piloto:

- enfrentar os desafios que envolvem a atração e a retenção de talentos;
- melhorar a produtividade e o engajamento dos colaboradores;
- aumentar a qualidade de vida das pessoas;
- mudar a forma como trabalham por meio do ativismo.

Na experiência brasileira, todas as empresas optaram por folgar um dia na semana. Ou seja, ninguém cogitou a possibilidade de manter os cinco dias de trabalho com horas reduzidas, diminuindo assim a jornada diária em 20%. Algumas organizações, numa tentativa de manter a continuidade do serviço sem prejudicar a disponibilidade ao cliente, optaram por dividir a equipe em duas configurações: uma parte folgava às segundas-feiras e outra às sextas-feiras, com organização interna para garantir a eficiência desse arranjo.

Outras empresas adotaram uma configuração mais flexível ainda, permitindo que os colaboradores escolhessem o dia que não trabalhariam na semana. Para tal, houve um planejamento, incluindo a implementação de regras de escala para cobertura de serviços e garantia de continuidade, de forma a proporcionar agilidade, liberdade e flexibilidade. O processo de escolha e adaptação desse modelo envolveu comitês internos e reuniões com as equipes para discutir e organizar a transição.

Em julho de 2024, um relatório final da Reconnect, da 4 Day Week Brazil e da Escola de Administração de Empresas de São Paulo da Fundação Getulio Vargas (FGV-Eaesp) trouxe os resultados desse piloto.

Em relação ao detalhamento do local de trabalho:

- 40,2% optaram pelo formato presencial;
- 34,4% optaram pelo formato remoto;
- 25,4% optaram pelo formato híbrido.

Em relação ao dia da semana a ser reduzido do horário de trabalho:

- 60,2% optaram por tirar a sexta-feira;
- 22,1% optaram por tirar a segunda-feira;
- 12,2% optaram por tirar a quarta-feira;
- 5,5% optaram por outro dia.

Em relação ao tempo para se ajustar à semana de quatro dias:

- 43,1% reduziram o tempo de trabalho imediatamente;
- 26,7% levaram algum tempo para conseguir reduzir o tempo de trabalho;[7]
- 24,6% informaram que em algumas semanas conseguiram reduzir o tempo de trabalho, mas em outras não;
- 4,1% ainda não conseguiram reduzir o tempo de trabalho.

Sobre o impacto da jornada de quatro dias na empresa:

- 83,2% disseram que houve melhoria na cultura da empresa;
- 86,5% sentiram maior senso de propósito e realização no trabalho;

- 80,7% se sentiram mais criativos;
- 87,4% se sentiram com mais energia para realizar as tarefas;
- 85,1% afirmaram sentir orgulho do que faziam;
- 84,5% ganharam mais satisfação com o trabalho;
- 65,5% sentiram uma redução na frustração com o trabalho;
- 16,7% afirmaram que não mudariam de emprego, independente do quanto lhes fosse oferecido, para trabalhar cinco dias por semana;
- 49% melhoraram a relação com o gestor/líder;
- 90,1% sentiram uma maior colaboração no trabalho.

Sobre o impacto em bem-estar, saúde e vida social do colaborador:

- 64,7% sentiram redução na exaustão pela manhã, antes do trabalho;
- 49,5% sentiram uma redução no desgaste frequente ao final do dia de trabalho;
- 30,5% sentiram redução de ansiedade;
- 14,5% sentiram redução do estresse no trabalho;
- 73,7% sentiram melhora na saúde física;
- 77,3% sentiram melhora na saúde mental;
- 44,4% conseguiram conciliar melhor a vida pessoal com a profissional;
- 71,3% relataram um aumento de energia no tempo com a família e os amigos.

Na análise de comentários e percepção qualitativa, foram quatro as categorias que os participantes quiseram partilhar: usufruto pessoal, impacto no trabalho, desafios e avaliação do piloto. Todos expressaram alto nível de satisfação e orgulho com a experiência, destacando que se sentiam mais dispostos, felizes e criativos no ambiente corporativo. O aumento significativo do tempo de qualidade com a família foi mencionado como um dos principais benefícios dessa nova formatação. É notável a percepção de transformação positiva gerada pelo projeto.

Houve melhorias significativas na comunicação entre os setores e uma mudança perceptível na objetividade das reuniões. Tanto a produtividade como a capacidade de entrega de projetos também aumentaram, o que refletiu de maneira positiva no desempenho geral das empresas.

No entanto, alguns desafios foram identificados, em especial em relação à gestão de prazos e ao equilíbrio entre demandas internas e externas, destacando áreas que requerem atenção adicional. Alguns colaboradores enfrentaram dificuldades iniciais para se adaptar ao novo modelo de trabalho, embora a maioria tenha conseguido otimizar as tarefas com o passar do tempo.

Uma das empresas começou a semana de quatro dias com seu time fazendo escalas às segundas e às sextas-feiras, assim o escritório se mantinha aberto durante toda a semana, ainda que os colaboradores trabalhassem apenas quatro dias. Logo no primeiro mês, a liderança percebeu que na semana de fechamento da contabilidade havia uma sobrecarga, e os quatro dias eram muito estressantes. Por esse motivo, passaram a adotar a dinâmica em apenas três semanas do mês. Ou seja, não há uma fórmula única: o importante é que cada empresa entenda sua rotina, sua cultura e seus valores para ver o que faz sentido.

Outro caso interessante foi de um escritório de advocacia, um segmento marcado por sobrecarga e desafios em saúde mental. Eles começaram com a semana de quatro dias também em formato de escala, mas logo perceberam que não conseguiam cumprir as 32 horas semanais. Na verdade, já havia uma sobrecarga antes do projeto, então passaram a ter esse benefício apenas uma vez por mês. Aos poucos foram conseguindo implantar mais mudanças em seu dia a dia, fazendo uso da inteligência artificial, aprimorando a comunicação interna, os processos e as reuniões. A partir daí, começaram a aumentar a implementação da semana de quatro dias.

Em outro caso, uma organização de curadoria de tendências e inovação que já atuava em formato híbrido, com apenas um dia presencial no escritório, implementou a semana de quatro dias. A CEO percebeu que o dia no escritório era ótimo para fortalecer as relações, porém era menos produtivo. Para a semana de quatro dias dar certo, foi preciso então rever a frequência, e as pessoas passaram a ir ao escritório a cada quinze dias, mantendo assim as conexões, mas sem perder produtividade.

Não há uma fórmula mágica, é preciso adaptação, revisão e implantação de ferramentas práticas. Em geral, os participantes expressaram apoio e gratidão por fazerem parte do projeto, reconhecendo sua importância na promoção do bem-estar pessoal e familiar, além de melhorar a satisfação com o trabalho. E um fator muito importante foi que 84,6% da alta liderança aprovou o projeto e enxergou seus benefícios, a tal ponto que a nota final de recomendação da gerência para outras empresas foi 8,7.

FERRAMENTAS PRÁTICAS PARA REDESENHO DO TEMPO

FERRAMENTA 1: AGENDA SEMANAL ORGANIZADA EM BLOCOS DE TRABALHO

O redesenho do tempo tem muito a ver com métodos que nos ajudem a trabalhar *melhor*, e não necessariamente *mais*. Um deles é separar a agenda em blocos. Você pode reservar um bloco, por exemplo, para os momentos de hiperfoco, ou *deep work*. É possível destinar outros momentos do dia a reuniões, responder a mensagens e e-mails, e assim por diante. Essa organização é benéfica porque um dos grandes ofensores da produtividade é estar o tempo todo no modo reativo, ou seja, apenas seguindo e atendendo às demandas que vão surgindo ao longo do dia. Afinal, quando somos interrompidos por uma notificação e paramos para respondê-la, perdemos a concentração. E isso não é algo esporádico no ambiente de trabalho. Se não tomarmos cuidado, podemos passar o dia inteiro no "modo resposta". Durante uma reunião, aproveitamos para responder a uma mensagem — essa simples distração momentânea demanda algum tempo para se reconectar ao que estávamos fazendo. E a questão é que, em geral, grande parte dos colaboradores age desse modo. Se estivessem *todos* focados, a reunião sem dúvida não demoraria tanto. Estudos mostram que levamos de vinte a trinta minutos para entrar no *flow* ou retomar a concentração ao interromper uma tarefa.[8] A consciência de que precisamos ter o controle de nossa agenda é fundamental. A seguir, um exemplo de agenda organizada por blocos de trabalho.

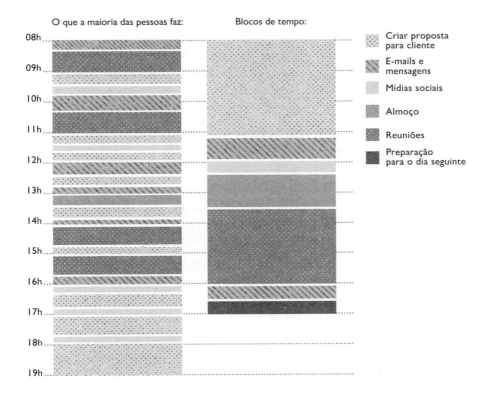

Construa o seu momento de hiperfoco: crie uma ação consciente, que leve em conta, por exemplo, se o seu rendimento é melhor antes ou depois do almoço, se é mais confortável ir para um local mais isolado (e menos barulhento) com as notificações do celular e do computador silenciadas. Isso requer certa dose de autoconhecimento e organização.

Construa, do mesmo modo, o momento da reunião, o de responder às mensagens, e até o de reorganizar a agenda. E se a hora do cafezinho for importante para você, crie um bloco para isso.

Uma empresa de contabilidade do interior de São Paulo entendeu que, para manter seus colaboradores felizes, era muito importante que houvesse espaço para um bate-papo despretensioso — mais conhecido como o momento da fofoca. Os líderes então redesenharam o tempo e construíram uma agenda em blocos de trabalho, designando a primeira hora do dia para essa conversa informal. As pessoas chegam ao trabalho às oito horas e têm meia hora para conversar, tomar café e se aclimatar. Ter esse tempo reservado para a distração contribuiu para aumentar o foco, a concentração e a produtividade no restante do dia. No meio da tarde, havia outra pausa igual de trinta minutos. O que a empresa avaliou foi que era melhor ter essa conversa informal prevista na agenda do que o colaborador acabar parando no meio de uma tarefa que requeria hiperfoco e perder cerca de vinte minutos para conseguir se concentrar outra vez.

Vamos lembrar que o estado de *flow* é um dos pilares da felicidade do PERMAH e está incluído no Engajamento. A agenda em blocos atende a esse aspecto pois todos precisamos ter momentos assim. Infelizmente, muitas empresas mensuram seus resultados levando em conta as horas trabalhadas. Quem nunca conheceu um gestor que controla quem está no escritório (ou on-line) das oito horas da manhã às seis da tarde nos cinco dias úteis da semana? No entanto, isso garante zero resultados.

Inclusive, durante a pandemia, algumas empresas começaram a rastrear o uso do mouse ou de aplicativos nos computadores de seus profissionais para garantir que estavam trabalhando. Isso só leva à pseudoprodutividade, pois a pessoa estar ocupada não quer dizer que esteja produzindo. Uma aluna minha da geração Z me contou que, nesse mesmo período, seu líder deu total liberdade para as pessoas organizarem suas rotinas de acordo com as próprias necessidades: algumas eram mães solo e precisavam cuidar dos filhos que não estavam indo à escola; outras tinham que amparar os pais; e outras ainda foram morar na praia (como era o caso da minha aluna) porque queriam mais qualidade de vida. Ao oferecer liberdade, ele estipulou direitos e deveres e começou a acompanhar mais de perto os resultados. Os liderados podiam parar o trabalho a qualquer hora, mas precisavam entregar o que havia sido acordado. Desse modo, ele, líder, construiu uma relação de confiança com o time. Ninguém queria decepcioná-lo ou perder essa flexibilidade, então os resultados, o engajamento e a produtividade melhoraram de forma significativa.

Não é necessário controlar o outro para obter bons resultados. A própria neurociência demonstra que em ambientes ameaçadores funções como criatividade, resolução de problemas e pensamento analítico sofrem com um desvio de recursos cognitivos, além de haver diminuição da capacidade de tomar decisões, levando à impulsividade ou a soluções inadequadas. A memória também sai prejudicada, a atenção fica reduzida, há dificuldade de empatia e raciocínio catastrofista. Sem dúvida, o medo não é uma boa ferramenta para gerir times de alto desempenho e inovação.

FERRAMENTA 2: A IMPORTÂNCIA DAS PAUSAS E DO DESCANSO

Yvon Chouinard, o fundador da Patagonia, marca de roupas esportivas referência em bem-estar corporativo e liderança positiva, escreveu um livro que, entre outros temas, trata da importância das pausas. O título original em inglês, *Let My People Go Surfing* [tradução literal: "Deixe meu povo ir surfar"; o livro foi publicado no Brasil como *Lições de um empresário rebelde*],[9] é uma referência a algo que ele costuma dizer: se você tem que enfrentar um problema, em vez de ficar focado nele, melhor sair para surfar.

"Na Patagonia, incentivamos nossos colaboradores a tirarem o máximo de tempo livre possível para surfar, esquiar, escalar ou simplesmente sair para uma caminhada ao ar livre. Acreditamos que essas atividades não só recarregam as baterias, mas também estimulam a criatividade e o pensamento claro", escreveu o empreendedor. Você pode estar se questionando se esse jeito de pensar dá lucro. A Patagonia, fundada em 1973 na Califórnia, nos Estados Unidos, tem uma receita anual global estimada superior a 1 bilhão de dólares.[10] Dizemos "estimada" porque ela não é uma companhia de capital aberto e, portanto, seus números não estão disponíveis publicamente. A empresa tem um valor estimado de mercado de cerca de 3 bilhões de dólares e lucra a cada ano 100 milhões de dólares.[11]

Em 2022, Chouinard anunciou que a empresa seria "doada" para o combate ao aquecimento climático. "Todos os lucros, de forma perpétua, irão para a nossa missão de salvar o planeta." Sendo assim, a empresa foi transferida para um fundo sem fins lucrativos e estruturado de forma única, o que significa, como bem disse o empresário, que desde então "a Terra é o único acionista da Patagonia".

É claro que nem sempre será possível sair para surfar, escalar ou esquiar quando estamos no meio do expediente ou resolvendo algum problema no trabalho, mas talvez seja possível dar uma volta rápida pelas redondezas para tomar um pouco de sol, beber um café ou ligar para um amigo... Se estiver em home office, talvez possa fazer uma pausa para brincar, ler ou assistir a algo com seus filhos, sair com o cachorro, meditar por dez minutos ou ouvir um pouco de música. Esses momentos de emoções positivas durante o dia — e quando me refiro a "momentos", estou falando de algo como cinco ou dez minutos mesmo — já poderão ajudar a enxergar o problema com novos olhos ou aumentar a disposição para continuar as tarefas do dia.

As lideranças precisam entender que um colaborador conectado o dia inteiro, sem pausas e lazer, não vai melhorar a produtividade. Esse tipo de comportamento leva, na verdade, ao cansaço, à exaustão e ao *burnout*.

Uma pesquisa feita na Universidade do Estado da Carolina do Norte, nos Estados Unidos, revelou que micropausas ao longo de um dia de trabalho podem de fato ajudar colaboradores cansados a se recuperarem e a se envolverem melhor com o que estão fazendo. "As micropausas consistem em intervalos curtos, voluntários e não planejados durante a jornada de trabalho." Sophia Cho, coautora do estudo, diz que elas são, por definição, curtas, e que um intervalo de cinco minutos pode ser excelente se feito no momento certo. "Nosso estudo mostra que é do interesse da empresa dar autonomia aos colaboradores para fazerem micropausas quando necessário — isso os ajudará a gerenciar de maneira efetiva sua energia e a se envolverem com o trabalho ao longo do dia",[12] disse a pesquisadora.

Em um dos estudos citados no artigo de Cho, 98 trabalhadores nos Estados Unidos foram convidados a preencher dois questionários diários durante dez dias úteis consecutivos, no período da manhã e no final do expediente. Em outra frente, 222 trabalhadores na Coreia do Sul tinham que responder a três pesquisas por dia, durante cinco dias úteis, sempre pela manhã, após o almoço e no final do expediente.

As pesquisas buscavam coletar dados sobre a qualidade do sono dos participantes, seus níveis de fadiga, envolvimento com o trabalho e experiências no ambiente corporativo naquele dia. Os pesquisadores analisaram os questionários utilizando ferramentas estatísticas para identificar variações diárias nesses níveis a partir da frequência de micropausas. Os resultados foram conclusivos: nos dias em que chegavam cansados no trabalho, os participantes realizavam mais micropausas, e isso auxiliava a manter o nível de energia deles, o que, por sua vez, os ajudava a atender as demandas e a se envolver mais no trabalho. Ou seja, mesmo iniciando o dia com mais cansaço, conseguiam um rendimento melhor apenas por incluírem pequenas pausas ao longo do dia.

Outro estudo, este conduzido pela Microsoft na época da pandemia, buscava criar estratégias para combater o cansaço decorrente da nova rotina de trabalho, marcada pela intensa digitalização durante a transição para o trabalho remoto e híbrido. Os pesquisadores pediram a catorze pessoas que participassem de videoconferências usando um equipamento de eletroencefalograma (EEG), um dispositivo em formato de chapéu que monitora a atividade elétrica cerebral.

Cada voluntário participou de duas sessões diferentes de reuniões. Em um dia, participavam de quatro reuniões consecutivas de meia hora, cada uma focada em uma tarefa específica — por exemplo, projetar um layout de escritório ou criar um plano de marketing. Em outro dia, os quatro encontros de meia hora eram separados por intervalos de dez minutos. Nessas pausas, em vez de correr de uma reunião para outra, os participantes meditavam com o aplicativo Headspace.

Para assegurar dados mais precisos, os participantes realizavam a mesma atividade de descanso — no caso, meditação. As sessões ocorreram em duas segundas-feiras consecutivas e a pesquisa chegou a três conclusões principais:[13]

1. Intervalos entre reuniões permitem que o cérebro "reinicialize", reduzindo o efeito cumulativo de estresse entre um encontro e outro

Durante as duas horas de reuniões consecutivas, houve um aumento na atividade média das ondas beta —associadas ao estresse —, indicando um acúmulo de tensão. No entanto, quando os participantes realizavam pausas para meditação, a atividade beta caiu, permitindo uma "reinicialização" mental. Isso os fez começar a próxima reunião em um estado mais relaxado. Dessa forma, o nível médio das ondas beta se manteve estável durante as quatro reuniões, sem aumento de estresse, mesmo que ainda realizassem quatro videochamadas. O que nos leva à conclusão de que o antídoto para enfrentar o cansaço é simples: pequenas pausas.

2. Reuniões consecutivas diminuem nossa capacidade de foco e envolvimento

Nos participantes que fizeram pausas para meditar, os padrões de ondas cerebrais mostraram níveis positivos de assimetria alfa frontal, o que se correlaciona com um maior envolvimento durante a reunião. Sem pausas, os níveis foram negativos, sugerindo que os participantes estavam retraídos ou menos engajados. Quando o cérebro está sob estresse, é mais difícil manter o foco. Em suma, as pausas não são apenas boas para o bem-estar, mas também para a qualidade do trabalho.

3. A transição entre reuniões pode ser fonte de estresse

Quando os participantes não realizavam pausas, os pesquisadores notaram que o período de transição entre as chamadas provocava aumento na atividade beta. Michael Bohan, líder do estudo, explicou: "Você está chegando ao final da reunião sabendo que terá outra em seguida e terá que mudar de assunto e usar seu cérebro para pensar muito sobre outra coisa". Nesse caso, a atividade da onda beta aumentava no início de cada nova reunião. No entanto, quando faziam pausas, a atividade beta diminuía entre as reuniões, e era significativamente menor no início da chamada seguinte.

Precisamos de pausas, mas também de emoções positivas. É possível proporcionar momentos de descontração e de troca durante as atividades laborais: iniciar uma reunião celebrando alguma conquista, mencionar algo positivo, elogiar alguém... São atitudes simples que podem transformar o viés negativo de focar apenas as metas ainda não alcançadas. Momentos afirmativos acionam os hormônios de bem-estar, o que contribui para a felicidade.

Quando falamos dos desafios enfrentados hoje pelas empresas, vemos que alguns podem estar ligados à falta de emoções positivas. Vivemos hoje a cultura da sobrecarga, do estresse, de conectividade constante — porém, estamos conectados em reuniões ou à disposição da empresa, e não às pessoas. Falta proximidade e relações mais sólidas e positivas. Minha proposta aqui é desenvolver ações para minimizar esse cenário. Como líder, você pode valorizar mais o seu time, criar mais momentos de trocas e praticar mais atos de gentileza.

FERRAMENTA 3: INTELIGÊNCIA ARTIFICIAL PARA OTIMIZAR TAREFAS

Um estudo recente analisou a produtividade e a precisão de trabalhadores em determinadas tarefas utilizando ferramentas de inteligência artificial.[14] Para isso, 758 consultores do Boston Consulting Group (BCG) receberam dezoito tarefas de consultoria dentro de sua área. Em comparação com os trabalhadores sem acesso à IA, os que usaram o ChatGPT concluíram em média 12,2% mais tarefas e 25,1% mais rápido. Além disso, 40% do grupo experimental alcançou resultados de maior qualidade.

Mas esse é um campo que ainda precisa ser explorado, pois necessitamos aperfeiçoar nosso uso da IA. Nesse mesmo estudo, durante uma tarefa que exigia a análise de uma estratégia de varejo a partir de anotações de entrevistas e dados financeiros em uma planilha, houve uma "queda bastante significativa" no desempenho do grupo com acesso à IA. Karim R. Lakhani, um dos pesquisadores, atribuiu isso ao erro do usuário: "Não há um guia do usuário. As pessoas utilizam [a IA] da maneira errada, como se fosse uma ferramenta de busca de informações, tipo o Google. Isso não é o Google".

Ainda assim, a inteligência artificial pode contribuir para a redução da improdutividade em trabalhos operacionais e para o aumento do trabalho significativo de várias maneiras, por exemplo:

- automatizar ações repetitivas e manuais, liberando os colaboradores para se concentrarem em tarefas mais estratégicas e criativas. → Isso pode *reduzir a sobrecarga* de trabalho e *aumentar a produtividade*;

- melhorar a eficiência dos processos, identificando gargalos e oportunidades de otimização. → Isso pode ajudar a *reduzir o tempo* necessário para concluir as tarefas;

- reduzir erros ao analisar grandes quantidades de dados ou identificação de padrões. → Isso pode ajudar a *melhorar a qualidade* do trabalho e a *reduzir o retrabalho*;

- aprimorar a tomada de decisões ao fornecer insights e recomendações baseados em dados. → Isso pode ajudar as empresas a tomarem *decisões mais informadas e estratégicas*.

No que se refere ao trabalho significativo, a IA pode proporcionar aos colaboradores mais tempo para se dedicarem a tarefas que sejam mais realizadoras. Em vez de nos preocuparmos com a evolução dessa tecnologia, que é exponencial e irreversível, precisamos nos capacitar para utilizá-la da melhor forma. Segundo o relatório do World Economic Forum (WEF) "Future of Jobs Report 2025", estima-se que, atualmente, 47% das tarefas de trabalho são realizadas principalmente por humanos, 22% por tecnologia (máquinas e algoritmos) e 30% por uma combinação de ambos. Até 2030, essas proporções serão divididas quase igualmente entre essas três categorias. É essencial compreender as possibilidades da IA para cocriarmos uma nova realidade que seja saudável e pautada pela ética.

FERRAMENTA 4: TRABALHO ASSÍNCRONO

O trabalho assíncrono é outra ferramenta que pode ser utilizada no redesenho do tempo, e é algo que já vem sendo utilizado em algumas empresas para aumentar a produtividade. O caso real a seguir dá indícios de como pode funcionar.

Depois de mudar para uma força de trabalho 100% remota durante a pandemia, os colaboradores da empresa de software TechSmith[15] não escaparam do intenso cansaço das reuniões virtuais, experimentado por muitas pessoas durante esse período. A empresa adotou então uma abordagem radical: durante um mês, testou eliminar as reuniões em sua base de trezentos colaboradores, buscando construir o que chamou de "cultura de trabalho híbrido ideal do futuro".

Realizado em julho de 2022, o experimento visava avaliar se a comunicação exclusivamente assíncrona impactaria de forma positiva a satisfação, a atitude profissional, a produtividade e a inovação dos colaboradores. A questão central era se oferecer maior flexibilidade no trabalho e mais tempo para "pensar" traria resultados efetivos. Vale ressaltar que, nesse caso, a comunicação assíncrona se refere a indivíduos trabalhando juntos, mas com autonomia para estabelecer horários e prazos para finalizar tarefas e projetos. As principais conclusões foram as seguintes:

- **Mais de 15% dos colaboradores se sentiram mais produtivos.** A TechSmith entrevistou os colaboradores sobre seu nível de produtividade percebida antes e depois do "Async-First July".

- **Aumento de 8% na importância percebida das reuniões.** A TechSmith solicitou aos colaboradores que avaliassem todas as reuniões síncronas em seus calendários e as classificassem individualmente em uma escala de um ("Não importante") a cinco ("Muito importante"). Antes do experimento, a pontuação média por reunião era 3,32. No final de julho, era 3,57. Esse resultado demonstra que os colaboradores foram mais criteriosos ao aproveitar o tempo conjunto após o experimento e mais intencionais sobre o que poderia ser feito de forma assíncrona.

- **85% dos colaboradores consideraram substituir reuniões futuras após o experimento.** E concordaram que valeria a pena aprender e adotar hábitos de comunicação assíncrona.

O trabalho assíncrono é um modelo no qual os colaboradores não precisam estar conectados ao mesmo tempo para colaborar ou compartilhar informações. Isso significa que podem estabelecer o próprio horário e local de trabalho, desde que cumpram prazos e objetivos. Em uma cultura assíncrona, a produtividade é medida por resultados e entregas, e não por horas trabalhadas. Isso reduz a improdutividade e aumenta o senso de realização.

Para criar uma cultura assíncrona, as empresas devem implantar algumas mudanças, descritas a seguir:

- disponibilização de ferramentas assíncronas e instrumentos tecnológicos que permitam a colaboração e o compartilhamento de informações sem a necessidade de os funcionários estarem conectados simultaneamente;
- adequação de processos e procedimentos para compatibilidade com o trabalho assíncrono;
- capacitação dos colaboradores sobre o trabalho assíncrono;
- promoção de momentos de alinhamento pontuais e simultâneos entre os colaboradores.

A criação de uma cultura assíncrona requer um esforço intencional tanto das empresas quanto dos colaboradores. No início, um esforço genuíno deve ser empreendido para evitar comunicação ineficiente ou atrasos no alinhamento e na resolução de problemas. Contudo, à medida que essa prática se incorpora à cultura organizacional, observa-se uma redução expressiva do tempo improdutivo.

FERRAMENTA 5: MATRIZ DE EISENHOWER

Nomeada em homenagem ao general e ex-presidente norte-americano Dwight Eisenhower, a Matriz de Eisenhower é uma ferramenta utilizada para estruturar o dia e organizar as tarefas da melhor maneira possível, o que pode ajudar na priorização de atividades. Ela é dividida nos seguintes quadrantes:

- Importante e urgente → Tarefas que devem ser feitas imediatamente.
- Importante, mas não urgente → Tarefas que devem ser desenvolvidas no médio ou longo prazo, então basta agendá-las.

- Urgente, mas não importante → Ligações, e-mails e reuniões. Se possível, o melhor é delegá-las.
- Não urgente, não importante → Tarefas que estão na lista, mas podem esperar ou ser eliminadas.

Matriz de Eisenhower

É essencial se concentrar nas atividades importantes em vez de ser dominado apenas pelo que é urgente. Essa prática evita que demandas "urgentes" do trabalho ocupem o tempo que poderia ser dedicado a outras tarefas, ao descanso ou à família. Especial atenção deve ser dada para o quadrante "Nem urgente, nem importante", pois são tarefas que consomem tempo sem agregar valor real ao trabalho. Ao identificá-las e eliminá-las, sobrará mais espaço para outras atividades. Ao delegar tarefas do quadrante "Urgente, mas não importante", você reduz o impacto de atividades que, embora consumam tempo, não são prioritárias. A Matriz de Eisenhower ajuda a organizar e priorizar as atividades, facilitando que a *work-life harmony* seja alcançada.

O redesenho do tempo

👥 Atividade em grupo ⏳ 20 minuntos

Rever imediatismo, excesso de reuniões e harmonia trabalho-vida

Por que estamos aqui?
Refletir sobre ações práticas de redesenho de como usamos o tempo para melhorar o bem-estar. Este grupo se concentra em como gerenciamos nosso tempo e urgência, mantendo um equilíbrio saudável entre o trabalho e a vida pessoal, bem como a eficácia de nossas reuniões.

O que vamos fazer aqui?
Elaborar ações em curto, médio e longo prazo que vocês, como colaboradores, gostariam de ver na empresa.
Identificaremos estratégias para equilibrar vida pessoal e profissional, gerenciar demandas de forma eficaz e otimizar reuniões, visando criar um ambiente de trabalho saudável e eficiente.

Como vamos trabalhar aqui?
Escrever o resultado das discussões nos post-its ao longo de 20 minutos e ao final desse tempo, retornar ao grupo, onde um representante vai expor brevemente o que foi desenvolvido.

Exemplos:
Momentos sem reunião; pausas; sem comunicação fora do horário de trabalho; menos burocracia; reuniões mais objetivas; planejamento.

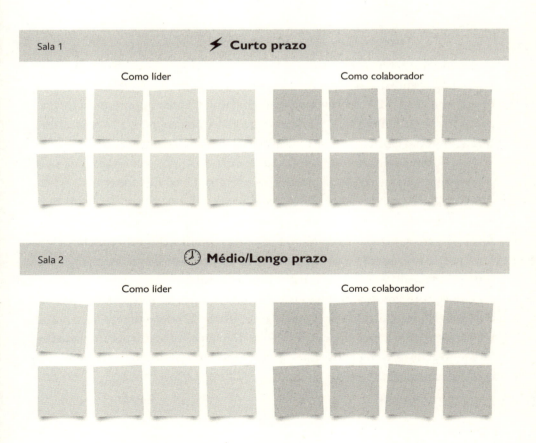

Redesenho do trabalho

FERRAMENTAS PRÁTICAS PARA REDESENHO DO TRABALHO

FERRAMENTA 1: *JOB CRAFTING*

Redesenhar o trabalho significa colocar as pessoas nas atividades certas. Para isso, é importante que o líder entenda quais são os pontos fortes de cada membro do seu time. Minha principal recomendação é aplicar um *teste de forças de caráter*. Existem algumas opções no mercado, mas sugiro o VIA Character Strengths[1] ou o Clifton Strengths Online Talent Assessment.[2]

Seja por meio de um teste formal ou de uma conversa estruturada, quando o gestor entende quais são as paixões, os talentos, os pontos fortes, os gostos e as aptidões de seus colaboradores, ele consegue alocar as pessoas certas nas atividades certas. É o que chamamos de *job crafting*, ou seja, redesenhar de forma proativa o trabalho com base nas forças e afinidades do funcionário. Isso, por sua vez, gera no colaborador mais emoções positivas, engajamento, sensação de realização e, sem dúvida, produtividade.

Um estudo conduzido pela psicóloga Amy Wrzesniewski demonstrou que os colaboradores que praticam o *job crafting* — independente de seu nível hierárquico ou tipo de ocupação — costumam se tornar mais engajados e satisfeitos com a vida profissional, alcançando melhor desempenho e maior resiliência pessoal.[3]

Contudo, apesar dos benefícios evidentes, essa ferramenta pode ser negligenciada pelas empresas e pelos profissionais. Isso porque a pressão do tempo e outras restrições do dia a dia fazem com que os profissionais vejam o trabalho como uma lista fixa de tarefas a serem cumpridas — ou, ainda, tenham medo de se envolver na política do escritório ao propor mudanças. O *job crafting* de fato exige que adotemos uma mentalidade diferente. "O seu trabalho compreende um conjunto de blocos de construção que você pode reconfigurar para criar experiências de trabalho mais envolventes e gratificantes", diz Amy Wrzesniewski.

Maira Blini, diretora jurídica do Itaú, implementou o seu próprio *job crafting*. Em doze anos na empresa, transitou por várias áreas do banco, mas reconheceu que seu maior motivador é ser líder de pessoas, cargo em que atua há onze anos. "O que me faz acordar todos os dias e escolher ir trabalhar são as pessoas", afirma. "Eu gosto de vê-las se desenvolvendo." Blini reserva um tempo na agenda para conversas *one to one*, que funcionam como uma mentoria, por reconhecer quanto fica motivada com essa atuação, embora represente apenas parte de suas atribuições.

Na atual hierarquia do banco, Blini lidera dois gestores de forma direta. A equipe se ramifica abaixo deles, totalizando cerca de setenta colaboradores. "Eu sinto falta das pessoas perto de mim, então, além da agenda técnica que preciso ter com meus liderados diretos, eu tenho uma agenda aberta de conversas para quem quiser falar comigo. Eu brinco que é 'desenho livre', porque não tem pauta. As pessoas interessadas reservam um horário e vêm falar sobre o que quiserem", detalha.

Os assuntos mais comuns são relacionados a negócio, mas também tem muita conversa sobre carreira.

> "As pessoas querem saber como passei por diferentes áreas dentro do banco, pedem orientação sobre o tempo ideal para permanecer em cada função, dicas de como crescer na carreira, quando estudar e quais cursos fazer. Também querem saber se já passei por algo parecido com o que estão passando e como superei. As pessoas compartilham suas angústias, e acho que se abrem porque eu tenho a característica de não condenar nem julgar."

Em paralelo ao trabalho no Itaú, Blini criou o projeto Juntas na Carreira,[4] um perfil no Instagram onde compartilha dicas de carreira no mundo corporativo. Por conta disso, acabou sendo chamada para diversas palestras sobre esse tema dentro do banco. "É algo que me emociona, porque sinto que contribuo minimamente para algumas pessoas mudarem a percepção que têm da vida, a se sentirem melhores com elas mesmas. [...] Eu percebi uma coisa que sempre me fez bem e a transformei em algo que fosse mais constante e mais oficial na minha vida." Isso é uma forma de fazer *job crafting*.

No caso de Blini, ela mesma promoveu o *job crafting*, mas o líder de pessoas dentro de uma organização pode — e deve — fazer isso com a sua equipe. Ao aplicar o teste de forças de caráter, se o gestor identifica alguém que tem, por exemplo, inteligência social como assinatura, poderá direcionar essa pessoa para funções ou projetos que necessitem dessa habilidade em vez de apenas distribuir tarefas de forma aleatória. A questão é entender o que faz sentido para cada um.

O *job crafting* pode ser uma estratégia importante para conquistar a felicidade no trabalho. Por isso, com base em um artigo de Amy Wrzesniewski e parceiros,[5] deixo aqui um passo a passo prático de como aplicar o *job crafting* no seu próprio trabalho ou com sua equipe.

COMEÇANDO O *JOB CRAFTING*

A Reconnect foi chamada para atuar numa empresa do mercado financeiro que queria capacitar seus líderes a redesenharem seu trabalho. O primeiro passo foi o *job crafting*. Montamos um *framework* em quatro partes[6] para que eles preenchessem individualmente.

- Na parte 1, os líderes listaram *todas* as suas atividades diárias, classificadas em três categorias: as que ocupavam a maior parte de seu tempo, as intermediárias e as rápidas.

- Na parte 2, eles anotaram os *valores* (o que é importante para eles), as *paixões* (o que amam fazer) e a *performance* (o que fazem bem).

- Na parte 3, eles analisaram suas atividades, vendo quais estavam alinhadas com seus valores, paixões e performance/habilidades.

- Na parte 4, eles começaram a realinhar suas atividades aumentando o tempo (ou incluindo) das que trazem maior realização e reduzindo as menos relevantes e as mais operacionais ou burocráticas.

A implementação real dessa ferramenta é variável, pois a ideia é transformar insights pessoais em ações concretas. De todo modo:

- **Estabeleça prioridades.** Isso é importante. Escolha uma ou duas mudanças para implementar, certificando-se de que são viáveis dentro do seu contexto atual.

- **Defina metas bem claras.** Para cada mudança, você deve ter um objetivo mensurável. Algo como: "Até o final do mês, delegarei todas as minhas tarefas administrativas".

- **Faça uma revisão trimestral.** Assim, é possível reavaliar suas decisões e alinhar seu trabalho com eventuais novas metas ou valores.

Para quem vive situação semelhante, pesquisas sugerem que o *job crafting* é uma ferramenta poderosa para reenergizar e reimaginar a vida profissional. O exercício de redefinir o escopo de seu trabalho para incorporar motivações, pontos fortes e paixões requer que você *visualize as funções*, *mapeie as etapas* e as *reorganize* para atender melhor às suas necessidades (ou de cada membro da sua equipe). Assim, é possível personalizar a forma como o trabalho é estabelecido e conquistar uma sensação maior de controle.

As mudanças podem ser realmente significativas, pois os limites do seu trabalho (ou dos seus colaboradores) são flexíveis. Assumir mais ou menos tarefas, expandir ou diminuir o escopo, alterar a forma de execução... Há muitas possibilidades. Um gerente de vendas, por exemplo, pode assumir o planejamento de eventos porque gosta do desafio de organizar pessoal e logística. Ou um profissional de finanças pode integrar uma *squad* de clima organizacional para construir uma cultura de bem-estar na empresa.

É possível também mudar a natureza ou a extensão de suas interações (ou a de seus colaboradores) com outras pessoas. Um diretor administrativo pode estabelecer um relacionamento de mentoria com jovens associados para se conectar e ensinar aqueles que representam o futuro da empresa. Ou um analista de marketing pode oferecer treinamento para a força de vendas e usar essas trocas para aprimorar o próprio trabalho, mesmo que isso não faça parte de seu *job description*.

Embora esse processo seja longo, é transformador e pode alterar o propósito do seu trabalho. O diretor de uma instituição sem fins lucrativos pode segmentar sua atividade em duas partes: uma menos prazerosa (captação de recursos e subsídios) e outra mais significativa (criação de oportunidades para artistas emergentes). Ou o líder de uma unidade de P&D pode começar a enxergar o trabalho como uma forma de contribuir para o avanço científico em sua área, em vez de apenas gerir projetos.

FERRAMENTA 2: UM TIME EM FLOW

Um tema que abordo bastante com as lideranças é a importância de compreenderem as demandas e os recursos de seus colaboradores. Isso é necessário porque é um aspecto significativo na geração de *burnout*. Quando uma pessoa tem muitas demandas sem encontrar escuta ou suporte do líder, ela fica com ansiedade. Pode ser uma questão de capacidade técnica — falta de conhecimento para realizar determinada tarefa —; pode ser uma questão de *soft skill* — não ter o comportamento indicado para o trabalho —; ou até mesmo infraestrutura inadequada — como ter um computador ineficiente ou ferramentas inadequadas para realizar a análise/tarefa solicitada.

Enfatizo sempre a necessidade de o líder identificar o que gera *flow* em sua equipe. Isso significa compreender as habilidades de cada um e se certificar de que todos tenham um papel significativo nessa engrenagem maior. Isso é vital para manter o engajamento.

Mas antes de seguir, vamos entender o que é esse estado de *flow*. O conceito, criado pelo psicólogo Mihaly Csikszentmihalyi,[7] foi desenvolvido após um estudo realizado com milhares de profissionais, de escultores a operários, no qual registravam seus sentimentos durante um dia de trabalho. Csikszentmihalyi observou que as pessoas que empregavam plenamente suas capacidades essenciais para atingir uma meta ou um desafio criavam o que ele chama de "fluxo", ou *flow*. Mais importante ainda, ele notou que os indivíduos que experienciavam esse estado com frequência eram mais produtivos e obtinham maior satisfação com o trabalho do que aqueles que não o faziam. Essas pessoas estabeleciam metas para si mesmas, bebendo de um poço de energia aparentemente ilimitado, e queriam repetir as atividades nas quais alcançaram o estado de *flow* mesmo se não fossem remuneradas. Um artigo publicado no *Harvard Health Publishing*[8] listou as características mais comuns do estado de *flow*.

- **Perda da noção do tempo.** As horas passam num piscar de olhos.
- **Consciência voltada à atividade.** A consciência fica voltada à atividade que está sendo realizada. Por exemplo, os dedos nas teclas de um piano, a maneira como posicionar uma faca para cortar legumes ou o equilíbrio do corpo ao esquiar ou surfar.
- **Imersão sem distrações.** Você se mantém completamente focado — seja explicando uma linha de raciocínio no trabalho, aplicando a cobertura de um bolo ou visualizando mentalmente como sair de uma situação complicada em uma partida de xadrez.
- **Participação ativa.** As atividades de *flow* não são passivas e você tem algum controle sobre o que está fazendo.
- **Execução sem esforço aparente.** Embora possa estar trabalhando mais do que o normal, nos momentos de *flow* tudo se encaixa e parece quase sem esforço.
- **Desejo de repetir a experiência.**

E para quem pensa que o estado de *flow* é mais fácil de ser encontrado em atividades de lazer, não é bem assim. Em um estudo de referência realizado por Csikszentmihalyi na Universidade de Chicago, as situações geradoras de *flow* ocorreram com uma frequência três vezes maior durante o trabalho do que em momentos de lazer, e em todos os níveis — ou seja, entre gerentes, funcionários administrativos e operários.

O artigo da Harvard Medical School traz algumas dicas para encontrar o estado de *flow*:

- tenha como objetivo se surpreender e descobrir coisas novas sobre suas habilidades ou sobre a atividade que estiver fazendo;
- escolha uma atividade que possa lhe proporcionar novos sentimentos, experiências e insights, e permita que sua consciência flua sem que você tente interferir;
- preste atenção às suas sensações corporais e à sua postura;

- supere a vontade de parar a cada erro. É provável que você dê o melhor de si quando se concentra no que deseja realizar ou experimentar. Então, não permita que os erros te distraiam;

- aceite que os sintomas físicos de nervosismo são normais e vão diminuir naturalmente depois que você começar;

- mantenha seu senso de humor.

O estado de *flow* parece ideal, ao menos na teoria. No entanto, poucos líderes e colaboradores conseguem alcançá-lo no local de trabalho. A falta de priorização, o imediatismo e a sobrecarga impedem que o alcancemos. O caminho para solucionar essa equação é descobrir as forças do seu time, redesenhar a rotina dos colaboradores com base nessas competências e gerar planos individualizados para que o profissional alcance esse estado.

Para atingir o *flow*, é fundamental que existam desafios; se não, ficamos entediados. Mas eles devem estar dentro da capacidade de execução do colaborador, pois caso sejam excessivos, poderão trazer ansiedade e frustração.

A consultoria McKinsey[9] realizou uma pesquisa com mais de 5 mil executivos durante workshops para compreender as condições que propiciam esse estado no ambiente de trabalho. De início, os participantes foram convidados a refletir sobre seu próprio desempenho máximo pessoal e, em seguida, identificar as condições que tornaram possível esse nível de desempenho, considerando aspectos do ambiente, da equipe e circunstâncias diferenciadas. As respostas levantaram várias questões interessantes, que foram agrupadas em três conjuntos principais. O primeiro conjunto de respostas citou clareza de funções, compreensão dos objetivos e acesso ao conhecimento e aos recursos necessários para a execução do trabalho. O segundo incluiu fatores relacionados à qualidade das interações entre os envolvidos, destacando a importância da base de confiança e respeito, conflito construtivo, senso de humor, sentimento de união e capacidade de colaboração eficaz. Aqui, portanto, ressalta-se a criação de um ambiente emocionalmente seguro para alcançar objetivos desafiadores, o que Daniel Goleman, renomado autor do campo da inteligência emocional, chama de um ambiente com um elevado quociente emocional (QE). A ausência de QE no local de trabalho resulta na dissipação da energia dos colaboradores em situações como política de escritório, gerenciamento do ego e evitação passivo-agressiva de questões difíceis. Já o terceiro conjunto de respostas caracteriza a experiência de desempenho máximo como a que envolve riscos elevados, gerando a empolgação pelo desafio. Trata-se de algo percebido como importante, inédito e capaz de fazer a diferença.

Nesse acompanhamento realizado por mais de uma década, a McKinsey constatou que os executivos eram cinco vezes mais produtivos quando estavam no estado de *flow*. Diante disso, convido você a refletir sobre o seu estilo de liderança e o ambiente de trabalho em que está inserido: eles estão alinhados com os princípios discutidos para permitir que os colaboradores entrem em *flow* periodicamente? O que pode ser modificado para proporcionar mais esse estado?

FERRAMENTA 3: PRÁTICA DE CHECK-IN/CHECK-OUT

O check-in e o check-out semanais são práticas que envolvem reflexão e alinhamento no início e no final de cada semana. Essa abordagem oferece diversos benefícios, permitindo que celebremos esforços individuais e coletivos, promovendo clareza e foco, além de criar um espaço para compartilhar os desafios e comemorar as conquistas.

O encontro de check-in estabelece o direcionamento para a semana, garantindo que todos compreendam plenamente as responsabilidades e metas. Isso ajuda a mitigar sentimentos de sobrecarga e confusão, pois permite que os colaboradores realizem tarefas alinhadas aos objetivos da empresa e do departamento sem comprometer a autonomia individual. Aqui estão algumas perguntas sugeridas para orientar o encontro de check-in da semana:

1. Quais são as prioridades e metas da equipe para esta semana?
2. Em quais projetos ou tarefas você está mais entusiasmado/a para trabalhar esta semana?
3. Há algum desafio específico que gostaria de compartilhar ou discutir?
4. Como podemos apoiar e encorajar uns aos outros esta semana?
5. Existe algo que você precise ajustar em suas metas ou tarefas?

Já o check-out é um tempo dedicado a reconhecer e celebrar as conquistas da semana. Isso não apenas reforça o senso de realização dos colaboradores, como cria uma cultura de reconhecimento, promovendo satisfação e motivação. Aqui estão algumas perguntas para guiar a reunião de encerramento semanal:

1. Quais foram as suas maiores conquistas esta semana e qual foi o ponto alto?
2. Houve algum obstáculo que você superou, ou que não pôde superar, e gostaria de destacar?
3. Você aprendeu algo novo ou fez alguma descoberta interessante?
4. Como se sente em relação ao seu progresso (o eficiente e o não eficiente)?
5. Gostaria de ser reconhecido/a pela equipe de algum modo específico?
6. Quais são suas expectativas para a próxima semana?

Por muito tempo, muitos líderes não compreendiam que a responsabilidade de influenciar e engajar as pessoas era inerente ao seu papel de gestor. Até hoje há lideranças que acreditam que essa é uma função exclusiva da área de recursos humanos. Ao pensar dessa forma, o líder deixa de criar espaços para uma escuta ativa empática, não reconhece nem valoriza seu próprio time, não constrói segurança psicológica nem letramento para diversidade e inclusão. Nesse contexto, para alcançar a felicidade no trabalho é fundamental que essas relações sejam redesenhadas.

O líder deve assumir um papel que vai além da gestão tradicional, atuando como mentor ou coach. Sua responsabilidade não deve se limitar apenas a analisar as capacidades técnicas dos colaboradores, mas também apoiá-los no desenvolvimento de habilidades que talvez eles nem imaginem que tenham. Quando o líder compreende seu papel e percebe que suas ações afetam diretamente a saúde mental e o engajamento do time, ele consegue gerar melhores resultados, em todos os aspectos.

FERRAMENTA 4: ENCONTRAR UM PROPÓSITO

Como já mencionei, para alcançarmos a felicidade é fundamental encontrar sentido no que fazemos. Uma palestra de Emily Esfahani Smith,[10] jornalista e autora do livro *O poder do sentido: Os quatro pilares essenciais para uma vida plena*,[11] sintetiza bem essa questão. Em sua TED Talk, Smith compartilha que costumava acreditar que seu único objetivo na vida era buscar a felicidade. E como todo mundo lhe dizia que o caminho para isso era o sucesso, ela passou a procurar o emprego ideal, o namorado perfeito, um lindo apartamento. No entanto, em vez de se sentir realizada, começou a ficar ansiosa e perdida. "E não era só eu, meus amigos também se sentiam assim." Motivada a aprender o que realmente faz as pessoas felizes, Smith ingressou em uma pós-graduação de psicologia positiva, e as descobertas que fez ali transformaram sua perspectiva.

"Mais pessoas se sentem desesperançosas, deprimidas e solitárias. Existe um vazio corroendo as pessoas, e não é preciso estar clinicamente deprimido para se sentir assim. Mais cedo ou mais tarde, acho que todos se perguntam: 'Então a vida se resume a isso?'" Smith explica que o que prediz tal desespero é a ausência de algo mais, a carência de um sentido para a vida. Martin Seligman afirma que a origem do sentido está em pertencer e servir a algo maior que si mesmo, desenvolvendo o melhor de si. Mas como podemos ter uma vida com mais significado?

Em busca dessa resposta, Smith dedicou cinco anos entrevistando centenas de pessoas e lendo textos de psicologia, neurociência e filosofia. Ao reunir esse material, identificou o que chama de *quatro pilares de uma vida com sentido*: pertencimento, propósito, transcendência e contação de nossas histórias.

Em linhas gerais, o pilar do pertencimento vai além de fazer parte de um grupo; trata-se de ter interações nas quais somos reconhecidos e respeitados por nossa autenticidade. Isso pode ocorrer em qualquer contexto — família, trabalho, comunidade — e é construído por meio de pequenos gestos, como escuta ativa, empatia e criação de um ambiente inclusivo. Smith ressalta que o pertencimento é crucial porque alimenta nossa necessidade humana de conexão e faz com que a gente se sinta parte de algo maior do que nós mesmos, contribuindo para a construção de uma vida com propósito. O verdadeiro pertencimento emerge do amor, e ele é uma escolha: podemos escolher cultivar esse tipo de relação com outras pessoas.

O segundo pilar é o propósito. Smith pontua que descobrir nosso propósito não é o mesmo que encontrar um bom emprego. Propósito tem mais a ver com o que oferecemos ao mundo do que com aquilo que desejamos para nós mesmos. O segredo é usar nossos pontos fortes para servir aos outros.

O terceiro pilar — a transcendência — também envolve ir além de si mesmo, mas de um jeito distinto. Momentos transcendentes são aqueles raros instantes em que pairamos acima da correria do dia a dia, como se nosso "eu" se dissipasse, e nos sentimos conectados a uma realidade maior. Isso pode acontecer quando apreciamos uma obra de arte, entramos numa igreja, ou, no caso de Smith, que é escritora, por meio da escrita. "Às vezes entro em um estado em que perco toda a noção de tempo e espaço." Essas experiências transcendentes podem ser transformadoras.

O quarto pilar é a narrativa que construímos sobre nós mesmos. Smith afirma que criar uma história com os eventos da nossa vida traz clareza e nos ajuda a compreender como nos tornamos quem somos. "Mas nem sempre percebemos que somos os autores da nossa história e que podemos mudar a forma como a contamos", ela diz. "Nossa vida não é apenas uma lista de eventos. Podemos editar, interpretar e recontar nossas histórias, mesmo estando limitados pelos fatos."

É comum as pessoas romantizarem essa questão do propósito, esperando que seja algo nobre, grandioso, especial. Eu mesma, anos atrás, achava isso. Ter uma vida com significado e trabalhar numa grande empresa pareciam coisas excludentes. Mas hoje vejo que o significado não é algo estanque e predeterminado; afinal, você pode impactar seus líderes, seus pares, seu time. Ou desenvolver um produto que seja mais sustentável, impactando de forma positiva seu entorno (e até o mundo). Além disso, se analisarmos por outra perspectiva, quanto maior o poder (e a capilaridade) de uma grande corporação, maior é seu potencial de se tornar um agente efetivamente transformador na busca por uma sociedade mais sustentável, humana e justa. Essa é a linha de raciocínio que, inclusive, fundamenta meu trabalho. Prefiro me dedicar a conscientizar as empresas e seus líderes sobre a importância dos colaboradores encontrarem sentido no trabalho a ficar esperando um sabático para buscar sentido na vida.

"Quem tem um 'porquê' para viver pode suportar quase qualquer 'como'." Atribuída ao filósofo alemão Friedrich Nietzsche, essa afirmativa ressalta que ter um sentido na vida pode nos tornar mais resilientes e nos ajudar a superar os obstáculos. Então, quando faço consultoria nas empresas, sempre pergunto: "Como você pode encontrar sentido no que faz *hoje*?". E isso é possível mesmo nas funções mais burocráticas. Durante a minha experiência trabalhando para a empresa responsável por um dos maiores festivais de música do Brasil, percebi que as pessoas envolvidas com a contratação dos artistas renomados conseguiam enxergar com mais facilidade o sentido de seu trabalho. Mas e aqueles que atuavam nos bastidores, como na área financeira? Se o time do financeiro não cumprir suas tarefas, a banda não receberá o cachê e, portanto, não se apresentará. Será que cada um compreende a sua parte dentro do todo? Muitos não percebem o quanto são necessários para fazer a diferença.

Diante disso, convido você a refletir sobre esse ponto: como contribuir para que todos os colaboradores de uma empresa, independente da atividade que exercem, compreendam a importância do seu trabalho dentro do quadro geral?

Para ilustrar com outro exemplo, os responsáveis por construir o carro em uma montadora de automóveis são os operários da linha de montagem, aqueles que colocam parafuso a parafuso, placa a placa. É fundamental reconhecer a importância desse trabalho. Esses colaboradores estão contribuindo para que a pessoa e/ou a família que adquirir aquele carro possa, por exemplo, viajar de forma mais segura e confortável. É perfeitamente possível atribuir sentido a muitos trabalhos, nem que esse sentido seja, em última instância, proporcionar uma vida mais confortável para a família do trabalhador por meio da remuneração e dos benefícios oferecidos pela empresa.

FERRAMENTA 5: CELEBRAR AS CONQUISTAS

Reconhecer e celebrar a evolução das pessoas é uma ferramenta valiosa para impulsionar a produtividade, fortalecer o engajamento da equipe e promover uma cultura de realização. Ao integrar essa prática com uma definição clara de metas e marcos intermediários (conhecidos como *milestones*), as organizações podem colher diversos benefícios tangíveis e intangíveis, que promovem o crescimento individual e coletivo.

Para isso, o primeiro passo é estabelecer objetivos claros e mensuráveis para a equipe ou o projeto. Em seguida, é importante dividir esses objetivos em marcos menores e alcançáveis, que representam o progresso em direção às metas maiores. Por fim, comunique-os a toda a equipe.

Conforme o time avança, registre tudo de forma transparente e acessível para todos. Determine um momento de celebração para cada *milestone* alcançado, que pode ser uma reunião ou um evento social, e não demore para fazê-lo. Nessa ocasião, reconheça tanto o esforço coletivo quanto o desempenho individual e adapte a celebração ao tamanho da conquista — pequenas vitórias podem ser reconhecidas com um e-mail, uma menção em uma reunião, mas grandes vitórias podem requerer maior formalidade. Como líder, seja criativo. Planejar eventuais brindes ou premiações pode ser fonte de estímulo para todos.

Essas ações promovem um equilíbrio entre *cobrar* e *celebrar*. Após a celebração, reserve um tempo para refletir sobre a evolução alcançada. Continue acompanhando o progresso em direção às metas e ajustando os *milestones* conforme necessário.

O redesenho do trabalho

Atividade em grupo ⏳ 20 minuntos

Usando as forças, realização e significado

Por que estamos aqui?
Refletir sobre ações práticas de redesenho do trabalho para melhorar o bem-estar com foco em alinhar as forças individuais e os pontos fortes de nossa equipe com as tarefas que executamos diariamente. O objetivo é aumentar a sensação de realização e significado em nossos trabalhos.

O que vamos fazer aqui?
Elaborar ações em curto, médio e longo prazo que vocês, como colaboradores, gostariam de ver na empresa.
  Estamos em busca de maneiras de tornar nosso trabalho mais envolvente e gratificante. Vamos discutir exemplos de quando nos sentimos mais realizados em nosso trabalho e como podemos replicar essas situações.

Como vamos trabalhar aqui?
Escrever o resultado das discussões nos post-its ao longo de 20 minutos e ao final desse tempo, retornar ao grupo, onde um representante vai expor brevemente o que foi desenvolvido.

Exemplos:
Descobrir nossas forças; redesenhar nossa rotina; plano de desenvolvimento pessoal; metas claras e bem definidas; definir evoluções no curto prazo; celebrar conquistas e evoluções; simplificar processos.

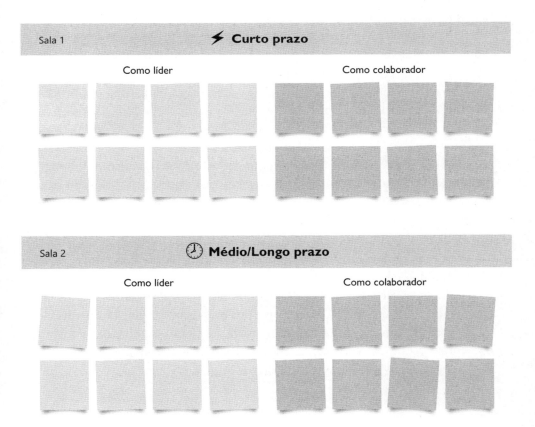

Redesenho das relações

Para alcançar o bem-estar e a felicidade no ambiente corporativo, as relações dentro das organizações precisam ser redesenhadas. As conexões positivas são um dos preditivos da felicidade, conforme demonstrado pelo "Estudo sobre o desenvolvimento adulto",[1] uma das pesquisas mais longas sobre a vida adulta, iniciada na década de 1930 nos Estados Unidos. Nela, pesquisadores monitoraram a saúde de 724 homens na cidade de Boston: metade deles eram estudantes de Harvard, e a outra metade, moradores de bairros periféricos. O objetivo era encontrar pistas para uma vida saudável e feliz. Após quase oito décadas de acompanhamento, os investigadores recolheram uma série de dados sobre a saúde física e mental dos participantes.

Durante desse período, foram examinados não apenas o quadro de saúde, mas também aspectos gerais da vida dos homens estudados, incluindo conquistas e fracassos na carreira e no casamento. Robert Waldinger, diretor do estudo, destacou uma descoberta surpreendente: "Os nossos relacionamentos e o quão felizes somos neles têm uma influência poderosa na nossa saúde. Cuidar do corpo é importante, mas cuidar dos relacionamentos também é uma forma de autocuidado. Essa, eu acho, é a revelação".

A verdade é que passamos a vida negligenciando o papel das conexões sociais em nosso bem-estar. São esses laços que nos protegem das inevitáveis adversidades, nos ajudam a retardar o declínio mental e físico e se mostram como os melhores preditores de uma vida longa e feliz — mais até do que fatores como a classe social na qual estamos inseridos, o QI ou o DNA.

Recentemente, participei de um curso do professor Arthur Brooks, de Harvard, e o facilitador perguntou para a turma: "Caso precisassem, para quem vocês ligariam às três da manhã?". Essa reflexão evidenciou a superficialidade de muitas das nossas relações. Com quem você pode contar quando realmente necessita de apoio? Seu círculo mais íntimo se restringe à sua família? Você poderia acioná-la a qualquer momento ou apenas quando as pessoas estivessem disponíveis?

Diante disso, proponho uma reflexão individual que poderá ser estendida para o coletivo de uma empresa: como podemos cultivar e aprofundar as nossas relações? De que maneira nossas relações no trabalho impactam nossa felicidade, nosso rendimento, nossa performance? No ambiente corporativo, é comum observar disputas infindáveis entre os colaboradores pelos mais variados motivos. Existem áreas/equipes em constante conflito, marcadas por abuso, desrespeito e falta de reconhecimento e valorização do outro. Se as relações positivas são um pilar importante para a felicidade, é preciso conscientizar as pessoas do quanto é descabido um ambiente de trabalho baseado em relações vazias e, muitas vezes, permeado de conflitos.

A mensagem que transmito para as lideranças é que se elas querem controlar focos de embate entre seus liderados, precisam estar mais próximas de suas equipes, dedicando momentos com cada um para conquistar uma escuta ativa e empática. São inúmeros os relatos que evidenciam o contrário disso: colaboradores que tiveram um problema pessoal e não receberam de seu líder uma palavra sequer de solidariedade. Muitos gestores ainda operam no antigo formato do "comando e controle" e acham que vão gerar resultados positivos para a empresa dessa forma. Mas, a longo prazo, esse líder vai desengajar, afastar e desmotivar a equipe, além de não ser capaz de dirimir eventuais competições e discórdias internas. Há pessoas muito engajadas no trabalho que, quando passam por situações similares, param de se dedicar por completo. Isso ocorre porque o trabalho deixa de fazer sentido para elas. As lideranças precisam se conscientizar de que não é com o medo que obterão os melhores resultados, mas quando forem foco de admiração, um modelo de inspiração.

Um exemplo que gosto de citar sobre a influência do líder em um time aconteceu em uma grande multinacional. Na unidade de negócios que, há anos, alcançava resultados medianos e tinha um time bastante desengajado, as pessoas não tinham senso de pertencimento nem conexão entre si, a ponto de sequer proporem mudanças ou melhorias. Em 2024, o líder dessa BU (*business unit*) deixou a empresa e, em seu lugar, assumiu uma mulher jovem, empática, disposta a construir um ambiente de trabalho seguro, pautado em relações de confiança. Após alguns meses sob sua liderança, os níveis de engajamento e pertencimento da equipe se transformaram por completo, trazendo melhores resultados. Essa mudança não foi do dia para a noite; envolveu a abertura de espaço para o diálogo, mais flexibilidade e autonomia, diversidade com inclusão e equidade. Foram inúmeras pequenas ações diárias, e não apenas um workshop de *team building* por ano.

FERRAMENTAS PRÁTICAS PARA REDESENHO DAS RELAÇÕES

FERRAMENTA 1: REGRAS DE COMUNICAÇÃO

Nem sempre temos consciência de quando ultrapassamos os limites, em especial no mundo corporativo, em que essa situação ocorre com mais frequência do que deveria. Receber mensagem do chefe após o expediente configura uma violação desses limites. Para tentar coibir essa prática tão comum no ambiente empresarial, é importante criar algumas regras: se o horário de expediente já encerrou, opte por enviar um e-mail em vez de uma mensagem via Teams, Slack ou no WhatsApp. Dessa forma, a pessoa saberá que não precisa responder de imediato.

Hoje, há um excesso de comunicação e, ao mesmo tempo, ela é falha. A aplicação de regras simples e básicas pode melhorar isso, como definir previamente que tipo de assunto pode ser tratado por meio de uma ligação, mensagem de texto ou e-mail. Essa abordagem evita muito estresse desnecessário, sobretudo para quem recebe constantemente mensagens da liderança.

Criar regras de comunicação traz resultados imediatos efetivos

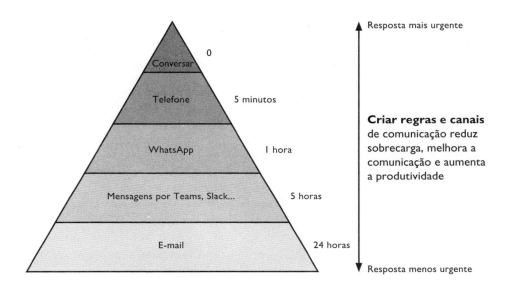

Aqui estão algumas diretrizes que sua empresa pode adotar para aprimorar a comunicação e o grau de urgência:

- Definir de forma transparente o que constitui uma urgência, a fim de priorizar de maneira adequada as demandas.

- Utilizar canais de comunicação diretos para envolver um número reduzido de pessoas e um meio mais indireto para um grande grupo. Por exemplo, uso do WhatsApp para pequenos times, e ferramentas como Teams ou Slack para um público mais amplo.

- Estabelecer prazos de resposta bem definidos, utilizando símbolos para indicar a urgência da mensagem.

- Definir meios específicos para diferentes finalidades, como e-mail para compartilhar documentos e informações, WhatsApp para recados rápidos e Teams para comunicação imediata.

- Adotar boas práticas, como evitar a comunicação fora do horário do expediente. Líderes podem programar e-mails para o dia seguinte, em vez de enviá-los tarde da noite, por exemplo. Além disso, usar o símbolo que demonstra o grau de urgência daquela informação também é fundamental para que o receptor entenda se deve tomar alguma ação imediata ou se a mensagem é apenas para conhecimento.

Encontrar maneiras de nos recuperar do estresse constante que vivemos no trabalho é essencial, e essa recuperação pode se dar por meio de intervalos de tempo *sem trabalhar*.

Um artigo da *Harvard Business Review* explica por que a recuperação é uma habilidade: "Saber como e quando você pode se recuperar melhor do estresse requer conhecimento (do que funciona para você) e prática (de fato fazê-lo)".[2] O processo não é tão simples quanto parece, pois apresenta um paradoxo intrigante: justamente quando nosso corpo e mente mais precisam de descanso e renovação — ou seja, nos momentos de maior exaustão —, somos menos inclinados e capazes de agir para resolver isso. Quando estamos ou nos sentimos sobrecarregados, é comum entrarmos num ciclo vicioso: trabalhamos mais horas, fazemos menos pausas. Em meio ao estresse, nossos hábitos alimentares também pioram, mesmo sabendo que uma boa nutrição e hidratação são essenciais para recuperar os níveis de energia. Já esgotados, perdemos a disposição para relaxar ou nos exercitar, o que só prejudica mais a recuperação, resultando em um cansaço maior no dia seguinte. Empresas que glorificam jornadas de trabalho ininterruptas — ou o "fogo eterno" — agravam esse problema, formando colaboradores que, mesmo com o corpo pedindo socorro, acreditam que devem resistir e suplantar seus próprios limites.

Para vencer esse paradoxo, é necessário aprender o que funciona melhor para você e elaborar um plano de recuperação personalizado. A recuperação do estresse nem sempre é tão intuitiva quanto parece. Com base em insights de pesquisas, eis uma lista com cinco maneiras de fazer a recuperação funcionar:

1. Afaste-se psicologicamente do trabalho

Dr. Atul Gawande, renomado cirurgião, escreve sobre os desafios da prática médica e a importância de encontrar maneiras de relaxar. Em uma entrevista, ele revelou: "Depois de uma cirurgia particularmente difícil, a primeira coisa que faço é ir para casa, cozinhar algo simples e passar um tempo com minha família. Cozinhar me permite desacelerar, focar em algo tangível e escapar do caos que às vezes é a sala de cirurgia".

Independentemente da sua atividade de recuperação preferida (leitura, corrida, crochê, culinária etc.), é importante você desconectar ou "desligar" mentalmente seus pensamentos sobre o trabalho (ou o estressor específico em questão).

O estresse se acumula ao longo do dia, e não é incomum ruminar sobre o trabalho até tarde da noite. Você pode estar fisicamente presente em uma aula de ginástica, mas se sua mente está repassando os eventos de uma reunião, significa que você não "desligou" de fato. Pesquisas mostram que até pensar no trabalho prejudica a capacidade de recuperação, e a onipresença do celular só reforça a dificuldade de se "desplugar" do escritório. A dedicação diária, ainda que por um curto espaço de tempo, a uma atividade não relacionada ao trabalho é fundamental, mas se certifique de estar realmente *presente*.

2. Faça micropausas durante a jornada de trabalho

O vice-presidente de uma multinacional de tecnologia configurou o alarme de seu telefone para tocar durante os dias úteis a cada duas horas como um lembrete para se afastar do computador. A cada bipe, ele se levantava para dar uma esticada no corpo, beber água, olhar a paisagem pela janela. Contrariando o senso comum de que a recuperação só pode acontecer depois do trabalho ou durante férias prolongadas, as micropausas — paradas curtas de cerca de dez minutos — ao longo do dia de trabalho são surpreendentemente eficazes para a recuperação do estresse diário de nossas exigências profissionais. É importante resistir à vontade de avançar o dia presumindo que será mais fácil se recuperar mais tarde, ou "guardar" a recuperação para o fim de semana ou mesmo para aquele feriado que está por vir. Para maximizar seus efeitos, certifique-se de ter um plano de recuperação que possa ser implementado todos os dias e ser programado durante seu fluxo de trabalho.[3]

3. Leve em conta suas preferências pessoais

Arianna Huffington, cofundadora do *Huffington Post* e fundadora do Thrive Global, uma organização focada em bem-estar, afirma que descansar não é um luxo, é uma necessidade. "Quando investimos tempo em atividades que nos trazem alegria e bem-estar, estamos reabastecendo nossa mente e nosso corpo para sermos mais produtivos, criativos e resilientes." Embora a escolha de uma atividade de recuperação pareça simples, esse depoimento de Huffington evidencia a importância do autoconhecimento para escolher o melhor descanso.

Um estudo sobre a importância da autonomia de nossas escolhas no ambiente de trabalho[4] mostrou que a recuperação do estresse aumentava quando os profissionais se sentavam com seus colegas para bater papo durante a hora de almoço. E, ao contrário, quando os profissionais estavam menos interessados em socializar durante a refeição, mas o faziam mesmo assim (talvez devido à pressão dos colegas ou às normas daquela cultura empresarial), sofriam um grande esgotamento no final do dia.

Para a maioria das pessoas, trabalhar durante o almoço é desgastante. No entanto, se você optar pessoalmente por manter um fluxo de trabalho produtivo durante esse momento, poderá haver benefícios de recuperação.

Em suma, esteja atento ao modo como utiliza seus intervalos. Se você se sentir pressionado a socializar ou a continuar trabalhando, converse com seu gerente sobre como pode obter mais autonomia na programação e no uso de seu intervalo. Em seguida, aproveite esses períodos livres para praticar as atividades de recuperação de sua preferência.

4. Priorize atividades de recuperação de alto esforço

"Posso não estar antecipadamente entusiasmado, mas nunca houve uma sessão de ginástica da qual me arrependesse depois." Ouvi isso de um executivo sênior de uma grande empresa em um encontro sobre liderança positiva, no módulo de autoconhecimento e autorresponsabilidade. Embora possa parecer que relaxar, ver televisão ou outras atividades "passivas" ou de "baixo esforço" sejam melhores para a recuperação, uma pesquisa mostra que atividades mais ativas podem ser mais eficazes.[5] Se você não gosta de ir à academia ou praticar esportes coletivos, encontre um tipo de exercício que aprecie, como uma caminhada, uma aula de natação ou de ioga. Além de atividades físicas, outras que funcionam bem para a recuperação são as que exigem esforço ou "experiências de domínio". Elas demandam altos níveis de dedicação, foco e tempo, recursos que costumam esgotar nossa energia durante um dia de trabalho. Embora possa parecer contraintuitivo que o uso adicional desses recursos durante os períodos de folga beneficie a recuperação, experiências de domínio, como adotar um hobby (aprender um novo idioma, tocar violino, fazer voluntariado etc.), ajudam a gerar novas habilidades e reabastecem recursos esgotados que podem ser aplicados de volta ao seu trabalho, em um ângulo diferente e produtivo de recuperação.

5. Molde seu ambiente

Um elemento crítico e subestimado da recuperação é o ambiente ao seu redor. Algumas empresas perceberam isso e estão aumentando a exposição (direta e indireta) de seus colaboradores a elementos naturais no local de trabalho. De fato, pesquisas demonstraram que a exposição direta à natureza, como uma caminhada em um parque durante os intervalos para almoço nos dias úteis, pode melhorar a recuperação do estresse em apenas dez minutos. Além dos efeitos a curto prazo, essa prática contribui de forma positiva para o bem-estar e reduz a probabilidade de esgotamento. A exposição à luz do dia, a vista da janela ou a vegetação interna no local de trabalho têm um impacto benéfico na qualidade do sono, no estresse percebido e na saúde geral dos colaboradores.

FERRAMENTA 2: ESCUTA ATIVA

Quando falamos em relações humanas, é importante compreender que as interações, ligações e vínculos estabelecidos entre as pessoas são os principais preditores da felicidade. Não são poucas as pesquisas que mostram que, hoje, vivemos cada vez mais distantes, sem conexão genuína, sem escuta ativa e empatia uns com os outros. De acordo com um estudo da Gallup, apenas 29% dos colaboradores percebem uma comunicação clara e eficiente dos seus líderes, enquanto a maioria lamenta a ausência de um feedback construtivo. Em consonância com essa percepção, e ainda segundo a Gallup, apenas 20% dos líderes acreditam possuir o conjunto de habilidades necessárias para realizar seu trabalho de forma excelente.[6]

Diante disso, é importante que as empresas construam novas formas de as pessoas se relacionarem. E isso não significa que a solução seja retornar para o modelo presencial cinco vezes por semana, pois as boas relações não se limitam a isso. Estamos falando, principalmente, de criar rituais, tanto para o on-line quanto para o presencial, como uma estratégia relevante. O líder precisa dedicar tempo para a escuta ativa e empática de seus colaboradores, criar momentos de reconhecimento e valorização e, quando houver encontro presencial, aproveitá-lo para fortalecer a conexão, infundir senso de pertencimento, promover a inclusão e dar voz às pessoas.

Nesse contexto, os feedbacks desempenham um papel significativo para os colaboradores quando seu líder direto se concentra em reconhecer os pontos fortes, apresentar meios de colaboração entre eles e determinar com clareza os objetivos e as prioridades do trabalho. As reuniões *one to one*, que são encontros regulares entre um líder e um colaborador com duração de trinta minutos a uma hora, têm como objetivo promover uma comunicação aberta e honesta entre as duas partes. Esses momentos permitem que o líder conheça melhor a pessoa e o seu trabalho, além de oferecer feedbacks e suporte para o seu desenvolvimento profissional.

Listo a seguir algumas dicas para uma reunião *one to one* eficiente:

1. Comece com o check-in: "Como se sente em relação aos seus desafios e clima na empresa?".

2. Questione sobre a saúde mental, o bem-estar e a qualidade de vida do colaborador. Há ofensores ou sinais de *burnout*?

3. Tome conhecimento das atividades planejadas e a evolução das metas definidas previamente.

4. Alinhem em conjunto as expectativas sobre as atividades — se muito desafiadoras ou fáceis.

5. Celebrem evoluções e construam o *best possible self*: qual o melhor futuro possível?

6. Marquem a data do próximo encontro na agenda.

FERRAMENTA 3: CARTA DE AGRADECIMENTO

Em 2005, o psicólogo Martin Seligman realizou uma série de experimentos relacionados à psicologia positiva com o intuito de investigar intervenções simples, como a prática da gratidão, para melhorar o bem-estar e a felicidade das pessoas. Os resultados foram publicados no artigo "Positive Psychology Progress: Empirical Validation of Interventions" [O progresso da psicologia positiva: Validação empírica das intervenções] na *American Psychologist*, comprovando de forma empírica a eficácia de diversas intervenções de psicologia positiva e o impacto dessas práticas no bem-estar emocional.

Umas das ferramentas estudadas e que hoje pode ser utilizada pelos líderes para redesenhar as relações é a carta de agradecimento. Essa prática promove proximidade, conexão, pertencimento e inspiração. Seligman propôs aos participantes que escrevessem uma carta detalhada para alguém a quem eram gratos, mas que nunca haviam agradecido de maneira adequada, mencionando no texto de forma específica o que a pessoa fez e por que o gesto foi importante. O estudo instruiu os participantes a, se possível, entregarem a carta pessoalmente ao destinatário. Essa parte do experimento era fundamental, pois o encontro face a face potencializava a conexão emocional e o impacto da gratidão. Durante a entrega, os participantes eram incentivados a ler a carta em voz alta para a pessoa, o que criava um momento significativo de reconhecimento e apreciação.

Embora pareça simples, os resultados obtidos foram expressivos e mensurados por meio de avaliações do bem-estar antes da intervenção, logo após a entrega da carta e semanas depois. Para isso, Seligman utilizou escalas psicológicas padronizadas para medir níveis de felicidade, bem-estar emocional e sintomas depressivos antes e depois da intervenção, com o objetivo de verificar mudanças imediatas e de longo prazo no estado emocional dos participantes. Os resultados daqueles que escreveram a carta da gratidão foram comparados com os grupos que realizaram outras intervenções ou nenhum exercício, e os resultados foram:

- **Aumento imediato de felicidade.** Logo após a entrega da carta, os participantes que realizaram a intervenção relataram aumento significativo nos níveis de felicidade e bem-estar em comparação aos grupos de controle.

- **Redução de sintomas depressivos.** Os participantes também apresentaram uma diminuição nos sintomas de depressão, mesmo semanas após a intervenção, o que demonstrou um efeito duradouro no estado emocional.

- **Efeitos prolongados.** Embora a felicidade tenha diminuído com o tempo, muitos participantes ainda relataram níveis de bem-estar mais elevados em comparação ao início do estudo, mesmo após um mês.

No ambiente organizacional, muitas vezes os líderes não entendem a importância de ações simples como essa, mas em todas as empresas que visito, os colaboradores expressam o mesmo sentimento: pequenas demonstrações de reconhecimento e valorização, quando frequentes e genuínas, são mais significativas do que os benefícios oferecidos pela empresa.

FERRAMENTA 4: CULTURA DE RECONHECIMENTO

Empresas que cultivam cultura de reconhecimento observam aumento significativo no engajamento dos colaboradores. Relatórios sobre as tendências globais de engajamento da consultoria Aon Hewitt corroboram essa afirmação.[7] Para estabelecer uma cultura de reconhecimento, é importante refletir sobre alguns aspectos-chave.

- **Tipos de reconhecimento** → A empresa deve definir quais formas de reconhecimento oferecerá. Pode ser um reconhecimento formal, como premiações ou promoções, ou informal, como elogios ou palavras de agradecimento.

- **Critério de seleção** → É importante estabelecer critérios para selecionar os colaboradores que serão reconhecidos. Eles podem se basear no desempenho ou em resultados mensuráveis (como ter atingido metas ou feito ações que geraram receita), na contribuição para a equipe, no comportamento alinhado aos valores da empresa, no tempo de casa, na contribuição extraordinária (como liderança em iniciativas que impactaram positivamente os processos, imagem ou serviços da empresa), na participação em programas de desenvolvimento (cursos, workshops ou programas de capacitação), entre outros.

- **Frequência** → A empresa deve determinar a periodicidade com que o reconhecimento será oferecido. Pode ser algo anual, mensal ou até mesmo semanal.

- **Recursos** → Implementar um programa de reconhecimento envolve uma combinação de recursos financeiros, tecnológicos, humanos e culturais. A organização deve, entre outras ações, definir um orçamento para essas recompensas e prêmios (monetários ou não), investir em plataformas especializadas, elencar pessoal para criar um conjunto claro de diretrizes ou formar uma equipe/comitê para as avaliações. Além disso, os gestores devem ser treinados para identificar e reconhecer o desempenho de seus colaboradores, e tudo isso envolve investimento em tempo de trabalho.

A cultura do reconhecimento gera emoções positivas, e está comprovado que elas aumentam a nossa capacidade cognitiva e de atenção plena. Existe um estudo superinteressante que investigou a influência do afeto positivo no raciocínio clínico de médicos que tratavam pacientes com doença hepática. Quarenta e quatro médicos foram separados em três grupos. O grupo que recebeu um pequeno presente, um pacote de doces, como reconhecimento por seu trabalho, chegou a diagnósticos mais precisos em menos tempo que os demais. Vale pontuar que eles não comeram o doce antes de darem o diagnóstico, então o resultado não foi consequência do impacto do açúcar, mas sim do sentimento de valorização.[8]

Esse exemplo evidencia como pode ser simples incluir na rotina da empresa ações que gerem emoções positivas. Mas isso também se aplica à nossa vida pessoal: oferecer um mimo para alguém querido num dia aleatório ou cozinhar o prato preferido de seu companheiro ou companheira são gestos simples, mas significativos. Isso porque os hormônios do bem-estar e do prazer têm o poder de aumentar a nossa cognição e atenção plena, e isso, no final, contribui para a resolução de problemas no dia a dia do trabalho.

No entanto, antes de tudo, o ambiente de trabalho precisa proporcionar um terreno fértil para que as pessoas estabeleçam boas relações e não sintam medo de se expressar. É nesse ponto que entra a segurança psicológica, tema já abordado. Em suma, o redesenho das relações leva em consideração: escuta ativa e empática, reconhecimento e valorização, senso de pertencimento, diversidade, equidade e inclusão.

O redesenho das relações

👥 Atividade em grupo ⏳ 20 minuntos

Conhecer o time, desenvolver, reconhecer

Por que estamos aqui?
Refletir sobre ações práticas de redesenho das relações para melhorar o bem-estar com foco em fortalecer nossas relações no ambiente de trabalho, visando promover um ambiente mais colaborativo e apoiador. Compreender as necessidades e o potencial de nossa equipe é fundamental.

O que vamos fazer aqui?
Elaborar ações em curto, médio e longo prazo que vocês, como colaboradores, gostariam de ver na empresa.
   Nosso foco é criar conexões mais profundas entre os membros da equipe, desenvolver habilidades de comunicação e reconhecer as contribuições uns dos outros. A intenção é melhorar nosso relacionamento, o que, por sua vez, promoverá um ambiente de trabalho mais saudável e produtivo.

Como vamos trabalhar aqui?
Escrever o resultado das discussões nos post-its ao longo de 20 minutos e ao final desse tempo, retornar ao grupo, onde um representante vai expor brevemente o que foi desenvolvido.

Exemplos:
Momentos de planejamento com os times; 1:1 frequentes; escuta ativa e empática; reconhecimento de pessoas; orientação da liderança; atos de gentileza.

Sala 1   ⚡ **Curto prazo**

Como líder   Como colaborador

Sala 2   🕐 **Médio/Longo prazo**

Como líder   Como colaborador

Parte V

A cultura da empresa

Para alcançar um ambiente corporativo mais feliz, os três redesenhos anteriormente discutidos — tempo, trabalho e relações — precisam ser de fato incorporados à cultura da empresa. Mas o que define a cultura de uma organização?

Cultura organizacional, cultura empresarial ou cultura corporativa são os termos que definem o conjunto de hábitos e crenças estabelecidos por meio de normas, valores, expectativas e atitudes compartilhados por todos os integrantes de uma empresa. Trata-se de um sistema dinâmico e vivo, que é moldado pelas ideias e práticas dos colaboradores, mas também molda os comportamentos de cada um.

Portanto, a cultura organizacional pode atuar como um ponto de conexão e facilitador, ou um impeditivo, uma barreira. Não basta uma empresa apenas eleger alguns momentos para discutir felicidade, segurança psicológica e relações positivas com seus colaboradores; é preciso intenção e constância por meio de ações e estratégias contínuas direcionadas a esses objetivos.

O propósito deste livro é oferecer suporte *prático* para pessoas e empresas nesse processo de construção de uma cultura do bem-estar. Todas as ferramentas mencionadas nos capítulos anteriores são comprovadamente eficazes, mas sua real efetividade depende da incorporação no cotidiano corporativo. O engajamento da diretoria, dos gestores e de todos os colaboradores é fundamental. Sem comprometimento, os mais vultosos investimentos em programas de felicidade e bem-estar, ou mesmo em comunicação para as equipes e o mercado externo, se mostrarão ineficazes.

O objetivo das ferramentas aqui apresentadas para redesenhar o trabalho é permitir que cada indivíduo impactado possa encontrar mais significado e realização profissional. Martin Seligman, em sua obra *Felicidade autêntica*, diferencia níveis de satisfação: uma vida meramente agradável pode se contentar com aspectos superficiais, como possuir um bom carro; no entanto, para alcançar uma vida plena e satisfatória, é essencial utilizar as forças individuais, o que gera uma felicidade genuína e uma gratificação profunda. O autor compartilha que uma de suas principais forças é o prazer que sente ao aprender e ensinar. Assim, ele faz questão de praticá-las todos os dias, seja explicando um conceito complexo para seus alunos ou as regras de um jogo para o filho. Ao ministrar uma boa aula, sente-se revigorado, e esse bem-estar é autêntico, pois vem daquilo em que ele é naturalmente bom. Contudo, ele conta que gestão de pessoas não é uma de suas melhores habilidades; então, mesmo que seja capaz de liderar uma equipe com eficiência quando necessário, essa atividade o deixa exausto, não energizado. "O bem-estar que surge da utilização de nossas forças pessoais está fundamentado na autenticidade", resume Seligman.[1]

Para cultivar esse bem-estar autêntico no ambiente de trabalho, é importante criar novos rituais neste novo mundo híbrido, dinâmico e por vezes incompreensível. O objetivo é construir ambientes saudáveis e psicologicamente seguros. Nesse sentido, é de extrema importância que as empresas analisem esses aspectos e tomem medidas rumo a um ambiente livre de medo. A seguir, citarei alguns dados, *cases* e pesquisas que ajudarão nessa reflexão.

Amy Edmondson, professora de liderança na Harvard Business School e autora do livro *A organização sem medo*,[2] introduz o conceito da segurança psicológica como um pilar essencial na transformação da cultura de uma empresa. Para ela, esse pilar se divide em quatro eixos: (1) atitude em relação ao risco e ao fracasso; (2) conversa aberta; (3) vontade de ajudar; (4) inclusão e diversidade.

1. **Erros são uma parte essencial do processo. Não há inovação sem erros**
Por muitos anos, as instituições bancárias brasileiras operaram sob estruturas altamente hierarquizadas e com culturas corporativas caracterizadas pela rigidez, aversão ao risco e pouca abertura a inovação. Nesse tipo de ambiente

sem segurança psicológica, as pessoas não trazem ideias, novos olhares nem soluções. A falta de inovação tem impactos financeiros. A prova disso é que, em 2023, enquanto os resultados do Nubank cresceram de maneira significativa,[3] um dos maiores bancos privados do Brasil teve uma redução de mais de 20% no lucro líquido comparado com 2022.

2. Quando só há medo e silêncio

Uma das coisas que Amy Edmondson demonstra em sua obra é que, de maneira geral, os colaboradores só estão dispostos a confessar ou assumir abertamente acontecimentos negativos se tiverem a certeza de que nem eles, nem os seus colegas serão punidos. Uma cultura corporativa que ofereça segurança psicológica é pré-requisito para isso.

Segundo um estudo da Administração Federal de Aviação dos Estados Unidos (FAA) e o Conselho Nacional de Segurança nos Transportes (NTSB) sobre a influência do erro humano nos acidentes aéreos no final da década de 1970, os comandantes sempre corrigiam as falhas ou decisões erradas de seus copilotos, mas o contrário nem sempre acontecia.[4] As conclusões da FAA e do NTSB deram origem a um conceito que promoveu a cooperação e o intercâmbio de informações na cabine de comando, independente da hierarquia. O Crew Resource Management (CRM), ou Gerenciamento de Recursos da Tripulação, foi criado no início dos anos 1980 com o propósito de ensinar às tripulações não só habilidades técnicas de voo, mas também competências sociais, como comunicação e métodos modernos de gestão. De início, os comandantes, em especial, resistiram à ideia, enxergando o CRM como uma ameaça à sua autoridade e poder de decisão e classificando o treinamento comportamental como "psicologês". Demorou quase uma década para que aceitassem o CRM e reconhecessem os benefícios da comunicação aberta na cabine. A aplicação eficaz do órgão teve um impacto significativo: em vinte anos, o número de incidentes aéreos causados por erro humano nos Estados Unidos caiu de mais de 70% para menos de 30%.

3. Nem sempre estimulamos a colaboração

Um estudo intitulado "Mais é sempre melhor?"[5] analisou dois cenários: no primeiro, um indivíduo receberia um salário de 50 mil dólares, enquanto outras pessoas próximas ganhariam 25 mil; já no segundo, o salário seria de 100 mil dólares, mas os outros ganhariam 200 mil. Os participantes tinham que fazer uma escolha, e mais gente optou pelo primeiro cenário. Os pesquisadores Sara Solnick e David Hemenway destacaram como a posição relativa parece ser importante para os indivíduos, e esse resultado acende um alerta para as organizações, que devem ter cautela para não estimular mais competitividade nas empresas, pois a posição relativa do colaborador é algo que realmente importa.

4. Diversidade = engajamento e bem-estar

Por fim, não há como ter segurança psicológica em um ambiente onde a pessoa não se sinta pertencente. Gosto muito de um pensamento de Andrea Schwarz, CEO da iigual Inclusão e Diversidade: "Diversidade é ter um lugar na mesa. Inclusão é poder falar. Pertencimento é ser ouvida".[6]

Manter um ambiente com diversidade e inclusão não apenas beneficia os indivíduos, mas também traz vantagens para os negócios. De acordo com uma pesquisa da McKinsey, colaboradores de empresas que adotaram a diversidade e a inclusão como pilares têm 11% mais probabilidade de relatarem que podem ser autênticos ao se expressar no trabalho. Além disso, eles apresentam uma probabilidade 152% maior de se sentirem seguros para propor ideias ou encontrar soluções diferentes, e 80% deles têm mais chance de concordar que seus líderes promovem um ambiente de confiança.[7]

Outro dado, ainda da McKinsey, revela que nas organizações comprometidas com a diversidade e a inclusão há 36% maior probabilidade de as pessoas relatarem que desejam permanecer três anos ou mais na empresa, e 93% de superarem a performance financeira de seus pares na indústria.[8]

Diante dessas evidências, vale avaliar se a sua organização possui um ambiente com segurança psicológica. Para isso, considere os pontos abaixo sobre todos os colaboradores de sua equipe:

- Eles se sentem à vontade para fazer um brainstorming na frente dos outros?

- Caso falhem, acreditam que se sentirão rejeitados?

- Eles sentem que podem contar uns com os outros?

- O propósito do time é evidente, inequívoco e acessível?

- Eles se sentem reconhecidos?
- O time tem autonomia?
- Eles sabem quais são as metas de sua área e o que devem fazer para alcançá-las?

Aqui estão quinze boas práticas para promover um ambiente de segurança psicológica:

1. Esteja presente e concentrado durante encontros, conversas e reuniões. Feche seu notebook, desligue ou silencie o celular (ou pelo menos não fique olhando para ele de dois em dois minutos), mantenha uma postura receptiva e faça anotações, quando apropriado. Estabeleça contato visual para mostrar conexão e escuta ativa.

2. Sempre faça perguntas com a intenção de aprender com seus colegas de equipe.

3. Valide o que está ouvindo verbalmente, utilizando frases como: "Só pra confirmar, você mencionou que...", "Entendi o que você quis dizer", "Certo, então sua prioridade aqui seria...", "Acho que estamos alinhados sobre o fato de que..." etc.

4. Evite colocar a culpa em alguém fazendo perguntas como: "Por que você fez isso?", ou afirmações como: "Vejo que houve um erro aqui". Em vez disso, concentre-se em soluções: "Como podemos trabalhar para não incorrer no mesmo erro da próxima vez?", "O que podemos aprender com essa situação para melhorar nossos processos", "Vamos trabalhar juntos para encontrar uma solução eficaz?".

5. Esteja atento às suas expressões faciais e se elas transmitem de maneira involuntária mensagens negativas, como caretas, testa franzida, sobrancelhas arqueadas, lábios apertados, olhos semicerrados etc.

6. Mostre-se disponível e acessível aos seus colegas de equipe, reservando um tempo para conversas *one to one*, sessões de feedback ou coaching de carreira.

7. Expresse gratidão pelas contribuições dos demais colaboradores.

8. Intervenha se um colega de equipe falar de forma negativa de outro colega da equipe.

9. Solicite constantemente contribuições, opiniões e feedbacks de seus colegas de equipe.

10. Não interrompa ou permita interrupções quando alguém estiver falando. Se for o caso, procure garantir que a ideia desse colaborador seja ouvida.

11. Sempre explique o motivo por trás de suas decisões.

12. Apoie e represente sua equipe dando crédito aos colegas, escutando de maneira ativa o que têm a dizer e compartilhando conhecimento entre todos.

13. Convide sua equipe a desafiar a perspectiva do trabalho por meio de ações como debates internos, rotação de função, treinamentos em áreas desconhecidas, feedback 360, projetos experimentais e troca de ideias com outras equipes.

14. Tenha disposição em admitir incertezas, falhas ou limitações, demonstrando "vulnerabilidade do modelo". Esse tipo de vulnerabilidade é visto como uma qualidade que, em vez de enfraquecer a imagem profissional, pode fortalecer a confiança e o engajamento da equipe. Portanto, peça ajuda, expresse suas preocupações de forma honesta, ouça críticas construtivas e não tenha medo de falar sobre fracassos passados. Quando líderes e colaboradores são vulneráveis, criam uma cultura de transparência e apoio mútuo.

15. Incentive os colegas de equipe a assumirem riscos, em primeiro lugar demonstrando que você também assume riscos em seu próprio trabalho.

Ao construir uma cultura de bem-estar, alcançamos impactos significativos em diferentes esferas da organização. Com base em dados compilados de instituições renomadas como Gallup, *Forbes*, People Metrics etc., podemos demonstrar, em termos percentuais, algumas conquistas para a empresa com essa abordagem:[9]

- 31% mais produtividade;
- 37% mais vendas;
- 44% mais retenção de talentos;
- 55% dos colaboradores sentem que atingiram seu potencial;
- 55% menos taxa de rotatividade;
- 58% mais probabilidade de ajudar um colega;
- 66% menos probabilidade de pedir demissão;
- 85% mais eficiência no trabalho;
- 98% mais identificação com os valores da organização;
- 125% menos níveis de *burnout*;
- 86% dos colaboradores falam bem da empresa onde trabalham;
- 300% mais inovadores.

Nossa percepção sobre o trabalho se transforma quando nos sentimos felizes e seguros. Pesquisadores do tema[10] distinguem três tipos de visão: o trabalho como *tarefa*, como *carreira* e como *vocação*.

No primeiro caso, a pessoa desempenha uma tarefa em troca de pagamento no fim do mês, sem buscar outras recompensas. É apenas um meio para atingir um fim, como prover o sustento da família. Se não há pagamento, a pessoa se afasta daquela tarefa.

Já o trabalho visto como carreira envolve um investimento pessoal mais profundo. As realizações profissionais têm como marcador de sucesso não apenas o dinheiro, mas também o prestígio decorrente do progresso profissional. Cada promoção traz consigo mais poder, status, visibilidade e influência. Quando as ascensões cessam, significa que a pessoa chegou ao "topo", e então recomeça a busca por gratificação e significado em outro lugar.

Por fim, o trabalho como vocação é um compromisso apaixonado. O colaborador acredita que seu ofício vai além de uma mera ocupação; seria uma contribuição para um bem maior, algo que ultrapassa a individualidade. Dessa forma, o trabalho pode continuar sendo fator de realização mesmo que não haja dinheiro ou promoção. Ter essa motivação intrínseca resulta em comprometimento, maior resiliência diante dos desafios e até senso de identidade e propósito que sustenta a saúde emocional e mental do profissional ao longo do tempo.

Tradicionalmente, a vocação sempre foi associada a profissões como a dos sacerdócios religiosos. No entanto, pesquisas recentes trouxeram importantes descobertas nesse campo: qualquer tarefa pode se tornar uma vocação, assim como qualquer vocação pode se tornar uma tarefa. Um médico que encare sua profissão apenas como uma tarefa e esteja mais interessado em ganhar dinheiro do que em ajudar os outros não possui verdadeira vocação. Em contrapartida, um gari que percebe seu trabalho como uma missão para tornar sua cidade ou seu bairro mais limpo e saudável demonstra verdadeira vocação.[11]

Simon Sinek, responsável por uma das TED Talks[12] mais vistas até hoje, em uma de suas palestras[13] compartilhou uma história que vivenciou no hotel Four Seasons, em Las Vegas, nos Estados Unidos. O que torna esse hotel tão especial, segundo ele, são as pessoas que lá trabalham: "Se você encontrar alguém no Four Seasons e essa pessoa te cumprimentar, sentirá que ela realmente quis dizer 'olá'. Não é porque foram instruídos a cumprimentar os hóspedes; você percebe que eles realmente se importam". Em seguida, ele menciona a cafeteria no lobby do hotel e sobre como, uma tarde, foi comprar uma xícara de café e o barista que o atendeu, chamado Noah, foi incrível. Ele era simpático, divertido e estava completamente presente na interação. A experiência foi tão agradável que Simon acabou lhe dando uma gorjeta de 100%. E Noah parecia tão satisfeito, que ele, curioso, perguntou: "Você gosta do seu trabalho?". Sem hesitar, Noah respondeu: "Eu amo meu trabalho". Então Simon prosseguiu: "O que o Four Seasons faz para que você diga isso?". Noah explicou que durante todo o dia os gerentes passavam por ali e perguntavam como ele estava se saindo e se precisava de algo para melhorar seu dia. E não era só o dele, essa era uma atitude de todos os gerentes do hotel. Mas o que Noah disse depois é mais revelador ainda: "Eu também trabalho no Caesar's Palace. Lá, os gestores estão mais preocupados em garantir que façamos tudo certo e em nos pegar quando cometemos um erro. Quando estou lá, mantenho a cabeça baixa e atravesso o dia como posso. Mas aqui, no Four Seasons, sinto que posso ser eu mesmo".

É a mesma pessoa vivendo experiências totalmente diferentes. "Isso é uma lição para as lideranças que estão sempre criticando seus funcionários", conclui Simon. "Se criarmos o ambiente certo, teremos pessoas como o Noah do Four Seasons. Se criarmos o ambiente errado, teremos pessoas como o Noah do Caesar's Palace." Pode estar na sua alçada como gestor ajudar a sua equipe a encarar o próprio trabalho como uma vocação em vez de uma tarefa. Reflita sobre isso.

As empresas que abraçam a felicidade corporativa e o conceito de sustentabilidade humana estão contribuindo para que seus colaboradores se tornem mais saudáveis, qualificados e alinhados a um sentido de propósito e pertencimento. Além disso, essas organizações também estão apoiando as comunidades que atuam nesse mesmo caminho. Promover uma mudança de mentalidade rumo à sustentabilidade humana exige que as lideranças do mundo empresarial estejam cientes das vantagens de se empenhar nessa mudança. Ligar os pontos entre todo o portfólio de iniciativas apresentadas neste livro pode auxiliar na construção de uma visão holística do impacto empresarial da sustentabilidade humana. Algumas empresas já estão fazendo essa mudança. E a sua?

A JORNADA DA FELICIDADE NA HEINEKEN

Na fabricante de cervejas Heineken, a solicitação para estudar a felicidade corporativa veio do topo. Em 2020, o presidente da empresa no Brasil solicitou ao time de RH que explorasse o tema após ter participado de um curso em Stanford, nos Estados Unidos, no qual teve conhecimento de indicadores de felicidade que impactam diretamente os negócios. Em paralelo, ele descobriu, através de um grupo de CEOs, que uma empresa brasileira de call center com 45 mil funcionários havia implementado um programa de felicidade e conseguido reduzir a alta rotatividade típica do setor.

Naquele momento, em plena pandemia da covid-19, a Heineken já havia implementado várias ações para cuidar da saúde e do bem-estar de seus colaboradores, mas ainda havia muitas questões pendentes. Lívia Azevedo, na época diretora sênior de pessoas e, desde 2023, diretora de felicidade corporativa na organização, relata: "Tomamos a decisão de colocar todo o time de vendas em casa para preservar a vida deles, e fomos a única empresa de bebidas que fez isso. Nem sabíamos como fazer, mas fizemos". Assim, os 6 mil colaboradores da área de vendas da Heineken passaram a trabalhar de casa, ainda sem um plano estabelecido. "Essa mudança para o remoto foi tão forte que as pessoas retribuíram isso para a empresa, de alguma forma, e o nosso resultado naquele ano foi ótimo."

Diante de todas as questões que o trabalho remoto suscitou, a área de RH precisou aguardar para aprofundar o estudo do tema da felicidade corporativa, que só foi retomado de forma mais efetiva em 2022. O primeiro passo foi implementar uma pesquisa de felicidade.[14] Em paralelo, de junho a dezembro, o RH começou a trabalhar na sensibilização das lideranças para o tema por meio de lives que abordavam a ciência da felicidade e a psicologia positiva. Para Lívia, aquele foi um período muito desafiador, porque era importante que as pessoas entendessem e acreditassem na possibilidade de implementar esses conceitos no ambiente corporativo. Daí a importância do trabalho de sensibilização — primeiro da liderança e, na sequência, de todo o quadro de colaboradores.

A primeira pesquisa de felicidade, realizada em parceria com a Reconnect, contou com a participação voluntária dos funcionários da empresa, alcançou 18% de respondentes. Recomenda-se uma participação mínima de 15% para que seja possível avaliar os resultados e propor algumas ações. Portanto, apesar de baixo, o índice foi suficiente para iniciar o processo.

Conforme as ações foram avançando e os resultados aparecendo, o presidente da empresa decidiu eleger o tema da felicidade corporativa como parte da estratégia da companhia em 2023. Na prática, explica Lívia, isso significou que, dentro da estratégia do negócio, o primeiro pilar era o das pessoas e seu bem-estar — elas vinham antes do faturamento, da lucratividade e da reputação.

Em janeiro daquele ano, essa mudança estratégica foi comunicada para toda a organização em uma live do presidente. "A partir daí, a gente conseguiu avançar muito", afirma Lívia, o que mostra a importância do trabalho de sensibilização da alta liderança ao decidir implementar um programa de felicidade corporativa. "Costumo dizer que, se antes, em 2022, era apenas uma sensibilização, em 2023 virou uma realização", conclui ela.

A partir daí começou o processo de letramento de todos os líderes, desenvolvendo um modelo de gestão baseado na segurança psicológica. Foi nesse contexto que a Heineken criou o cargo de diretor de felicidade, ou Chief Happiness Officer (CHO), ocupado por Lívia. "A criação do cargo se deu porque o nosso presidente queria, de fato, uma agenda para isso. E ele entendeu que precisaria de alguém que pudesse liderar essa agenda."

Desde então, a empresa aplica quinzenalmente a pesquisa de felicidade. Hoje, ela alcança cerca de 80% de participação, o que equivale a cerca de 12 mil colaboradores. A liderança também está comprometida, o que é fundamental, pois a felicidade precisa ser observada no dia a dia pelos líderes. Cada gestor analisa o resultado da pesquisa da sua área e, quando necessário, abre uma conversa transparente sobre os pontos críticos. Caso o pilar das emoções positivas apresente resultados insatisfatórios, a conversa vai ser direcionada para esse tópico. Tal abordagem só é possível com segurança psicológica, porque os colaboradores têm que expressar o que de fato estão sentindo e percebendo. "Ter a felicidade na agenda é poder falar sobre isso", explica Lívia.

Em outra pesquisa, a de clima organizacional, essa feita anualmente, foi inserida a seguinte pergunta: "Seu líder tem conversas sobre a jornada de felicidade?". Em 2023, 82% das respostas foram favoráveis, indicando que os líderes estavam de fato discutindo o tema.

Para disseminar a iniciativa pela companhia, que tem cerca de 14 mil colaboradores no Brasil, criou-se a figura do embaixador da felicidade. "Porque, sozinha, eu não conseguiria entregar nada", diz Lívia. Então ela abriu vagas para quem quisesse saber mais sobre o tema. No momento em que escrevo este livro, a companhia conta com 850 embaixadores da felicidade, capacitados em psicologia positiva e ciência da felicidade, responsáveis por propagar essas ideias em suas respectivas áreas de atuação, com as suas equipes, seus colegas e seus líderes.

Lívia explica que, na Heineken, a segurança psicológica se constrói quando o líder dá espaço para que as pessoas sejam autênticas. Isso significa criar um ambiente favorável onde os colaboradores possam compartilhar suas ideias, contribuir com pensamentos, expressar sentimentos e se sentirem acolhidos e apoiados, sem medo de errar e serem julgados. Quando se pode ser quem é, o senso de pertencer ao ambiente é uma consequência direta. "É só assim que as pessoas vão poder colocar todo o potencial delas", diz Lívia. "A gente acredita muito que a segurança psicológica é a base para que todas as outras coisas possam acontecer."

A JORNADA DE BEM-ESTAR E SUSTENTABILIDADE HUMANA NA STELLANTIS

No grupo Stellantis, conglomerado automotivo multinacional, formado da união da montadora ítalo-americana Fiat Chrysler Automobiles com a montadora francesa PSA Group, a jornada de bem-estar começou em 2021, com a criação da área de *wellbeing*, ou bem-estar, seguindo uma nova diretriz global da empresa. Antes disso, o RH da companhia já promovia ações pontuais, e não estratégicas, relacionadas ao bem-estar dos colaboradores. Então, a Stellantis convidou a Reconnect Happiness at Work & Human Sustainability para desenhar um programa de construção de culturas de bem-estar. No mesmo ano, começamos com algumas lives para falar do tema para a liderança, e, no início de 2023, surgiu a oportunidade de conceber um programa estruturado, cujos aspectos-chave destaco a seguir.

1. Conscientização

O primeiro passo foi a conscientização dos colaboradores da empresa, esclarecendo que felicidade ou bem-estar no trabalho não significa ociosidade, isto é, que devemos passar as horas deitados em uma rede lendo um livro ou escutando uma música. Como é um conceito relativamente novo no mundo corporativo, em especial no setor industrial, havia ideias equivocadas sobre seu significado. Então, houve um esforço para disseminar a ideia de como é possível conquistar bem-estar trabalhando. "É informar que a pessoa precisa trabalhar, produzir, e também precisa sentir bem-estar nesse contexto", explica Rubens Versiani, responsável pela área de bem-estar da Stellantis na América Latina.

2. Segurança psicológica como base

O segundo passo concentrou-se em definir estratégias que poderiam promover o bem-estar. E esse é um arco bem extenso, que engloba desde garantir os recursos adequados para o trabalho dos profissionais até ações que promovam relações saudáveis entre os colaboradores, em particular entre gestores e liderados.

Um exemplo prático, segundo Versiani, é quando um gestor envia o convite para uma reunião em cima da hora e o colaborador se sente confortável para declinar, explicando que está atarefado. Embora pareça simples, essa é uma atitude impensável em muitas organizações, o que acaba sendo uma fonte de estresse para muitos profissionais.

A segurança psicológica inclui ter um ambiente em que os colaboradores se sintam seguros para propor novos caminhos, mesmo que completamente diferentes dos processos tradicionais. O mais importante é que se esse caminho não funcionar, exista espaço para aprendizado e correção, sem retaliações.

Essa abordagem também permite que as pessoas sejam diferentes umas das outras, em especial em uma companhia com tantas nacionalidades como a Stellantis, que, não à toa, tem a diversidade como um de seus valores.

3. Regras para reuniões

Um dos pontos mais sensíveis para a Stellantis foram as reuniões, que vinham sendo um estressor para os colaboradores desde a implementação do trabalho remoto e, depois, híbrido. Pesquisas internas indicavam que os colaboradores se sentiam sobrecarregados, sem intervalo entre os encontros.

Como solução, a empresa reduziu a duração das reuniões em cinco minutos a cada meia hora, de modo a criar pequenos intervalos entre elas e garantir tempo para outras atividades, como responder a algum e-mail, além de criar uma cultura de respeito ao tempo estipulado, incentivando os colaboradores a se organizarem e valorizarem a pontualidade nas reuniões.

4. Customização por área

O desafio de redesenhar processos considerou o tamanho e a complexidade organizacional da Stellantis. Com 32 mil funcionários só na América do Sul, seria inexequível criar as mesmas regras para todo mundo, até porque cada área tem a sua particularidade. Assim, o foco foi permitir que cada diretor compreendesse a realidade da sua equipe para escolher as ferramentas adequadas.

Para isso, nosso trabalho foi apresentar para cada gestor um conjunto diversificado de instrumentos, como os indicados neste livro, incluindo check-ins, celebração de evoluções, reconhecimento, rodas de conversa, escuta ativa, momentos de hiperfoco na agenda, entre outras.

Versiani afirma que olhar de forma mais estruturada para o bem-estar dos colaboradores tem feito a empresa rever muitos conceitos. E para identificar com precisão onde intervir, a área de *wellbeing* promoveu uma série de workshops com a média gerência, que são os profissionais que respondem aos diretores e que estão diretamente conectados ao operacional da empresa. A ideia era entender, a partir dos feedbacks da média gerência, o que a companhia poderia fazer para melhorar o bem-estar dos colaboradores. "Eles foram provocados e trouxeram cerca de quatrocentos insights", diz Versiani. Esses dados foram agrupados em dezoito categorias e repassados para os times de engajamento de cada área. Com isso, cada equipe identificou as estratégias mais alinhadas com sua realidade e necessidade específicas.

O último passo foi produzir uma espécie de manual com as ferramentas que cada área implementou e os resultados obtidos, para então compartilhar essas boas práticas com outros departamentos da companhia. Essa estratégia permite que, em um segundo momento, um gestor reconheça a aplicabilidade de ferramentas que, de início, seriam descartadas sob seu critério. E ele só terá essa percepção se souber como foi executada em outra área.

Epílogo
O futuro do trabalho pode ser empático, sustentável e produtivo

Precisamos aprender a celebrar os pequenos passos. Quantas vezes observamos pessoas em empregos considerados "dos sonhos" que se sentem infelizes? Precisamos acordar todos os dias e pensar no que vamos realizar, e esse "algo" precisa ter algum sentido. Se almejamos subir no topo da montanha, é essencial enxergar — e comemorar — cada passo percorrido. Você não precisa comemorar só a conquista final.

O escritor e filósofo norte-americano Robert Pirsig, em *Zen e a arte da manutenção de motocicletas*,[1] conta a história de Fedro, um jovem peregrino que tentou escalar o sagrado monte Kailas no Himalaia, fonte do Ganges e morada de Shiva, acompanhando um monge e seus seguidores. Fedro era o mais jovem do grupo, mas, após três dias, desistiu, exausto, e a peregrinação continuou sem ele. Ele alegou que possuía força física e motivação intelectual, mas elas não foram suficientes. Ele estava ali para ampliar seu leque de experiências e obter maior compreensão sobre si mesmo, ou seja, estava usando a montanha para seus próprios propósitos. Os outros peregrinos, que chegaram ao destino, provavelmente sentiram a santidade da montanha de maneira tão intensa que cada passo era um ato de devoção, de submissão a ela. Foi essa conexão espiritual que lhes permitiu suportar muito mais do que Fedro, que tinha força física maior.

Essa história mostra que o jovem rapaz tinha uma meta, mas ela era tão distante que, no final, ele sucumbiu aos desafios da empreitada. Já os outros peregrinos enxergavam a meta, mas celebravam cada pequeno passo que davam e percebiam um significado maior naquilo. É importante olhar para o que estamos realizando não como mais uma meta batida, mas como mais um passo, uma oportunidade de aprendizado, um conhecimento adquirido.

O mundo corporativo com frequência estabelece metas tão remotas que parecem desconectadas da realidade cotidiana, faltando uma abordagem que valorize o processo. A ausência de celebração dos pequenos progressos, somada à falta de planejamento e organização, gera uma sensação constante de dívida e inadequação. Quando tudo é tratado com urgência, os profissionais se sentem sobrecarregados, em vez de realizados. Seligman diz: "Encher o trabalho de gratificação é um passo para a vida boa".

Então, seguindo essa perspectiva, eu proponho que você repense suas metas e realizações na sua organização. É importante trabalhar com ideias de metas claras e bem definidas, focar evoluções de curto prazo, celebrar mais as conquistas, redesenhar as jornadas, simplificar o sucesso e equilibrar os sensos de urgência e de priorização.

A felicidade corporativa e a sustentabilidade humana constituem uma estratégia de longo prazo, cujas ações praticadas hoje ajudarão a determinar se os trabalhadores, as organizações e a sociedade florescerão como ambientes saudáveis para as gerações futuras. Trata-se de um caminho para construir um futuro melhor para todos, evidenciando as conexões fundamentais entre nossas necessidades humanas: sustentabilidade climática, equidade, confiança, propósito, bem-estar e senso de pertencimento.

Essa perspectiva convoca líderes e organizações a refletirem — e atuarem — sobre o papel que desempenham como gestores da prosperidade humana, assumindo o compromisso de priorizar, medir e melhorar os resultados nas suas esferas de influência.

E agora, então? O caminho será mais fácil? Estamos preparados para expandir a sustentabilidade humana dentro das organizações? Certamente não. Ainda há mitos, crenças, medos e privilégios que nos fazem caminhar de forma lenta. Mas não significa que estamos parados. A evolução exige uma rigorosa autoavaliação: será que cada um de nós está fazendo a sua parte? Não adianta mais culpar o governo, o líder, os pais, o planeta. É preciso entender o papel individual de cada um e o protagonismo para essa mudança.

A pandemia nos ensinou valiosas lições, mas rapidamente voltamos a padrões antigos. Na escala macro, da grande política e das relações internacionais, e também em uma escala menor, no nosso trabalho, na nossa casa, na rua, na escola, no hospital, há sempre um líder que não se importa com o que o time está passando. Ou ainda pessoas fazendo "piadas" ou "brincadeiras" racistas, homofóbicas e misóginas. Há grandes fornecedores que não valorizam os pequenos ou não honram seus pagamentos da maneira correta... Não podemos mais lidar com a dor do outro como se não fosse nosso problema. Precisamos desenvolver uma responsabilidade coletiva para reduzir o sofrimento humano, reconhecendo que nossos recursos — naturais e pessoais — não são infinitos. É fundamental construir um capitalismo mais consciente, sustentável e regenerativo.

É possível ser bom para as pessoas, para as empresas e para a sociedade, mas é preciso passar por renúncias e mudanças. Se não sairmos da nossa zona de conforto, não conseguiremos construir o mundo que queremos. O modelo atual demonstra sinais claros de esgotamento, com tragédias crescentes e indicadores negativos de saúde mental. E, em vez de enfrentá-los, recorremos a subterfúgios como redes sociais, consumo excessivo e uso de entorpecentes.

Proponho para cada um de nós a reflexão: como construir um novo mundo? Como sair desse cenário atual e deixar um mundo melhor?

Sem dúvida não há uma fórmula mágica. Temos de nos unir, gerar novos modelos para nos relacionar entre nós e redefinir o papel do trabalho em nossa vida. O mito de que a felicidade vem após a aposentadoria já não existe — aliás, nem sabemos se vamos nos aposentar. Vamos ser felizes aqui e agora. Felicidade é a jornada, é a caminhada, não o destino. E todas as mudanças propostas neste livro são porque queremos trabalhar, mas com realização e significado, flexibilidade, humanidade e equilíbrio. Mudar é difícil, mas possível. E os resultados têm demonstrado que vale a pena.

Notas

APRESENTAÇÃO [pp. 9-12]

1. Great Place To Work, em parceria com o ecossistema Great People.

PARTE I: O MUNDO DO TRABALHO E SEUS DESAFIOS [pp. 13-20]

1. "STATE of the Global Workplace: 2024". Gallup, [s. d.]. Disponível em: <www.gallup.com/workplace/349484/state-of-the-global-workplace.aspx>. Acesso em: 17 jan. 2024.
2. Renata Rivetti, "O líder do futuro é humano e empático", *FastCompany Brasil*, 27 jun. 2023. Disponível em: <https://fastcompanybrasil.com/worklife/o-lider-do-futuro-e-humano-e-empatico/>. Acesso em: 17 jan. 2025.
3. "STATE of the Global Workplace: 2024". Gallup, [s. d.]. Disponível em: <https://www.gallup.com/workplace/349484/state-of-the-global-workplace.aspx>. Acesso em: 16 jan. 2024.
4. Ryan Pendell, "Employee Engagement Strategies". *Gallup*, 14 jun. 2022. Disponível em: <https://www.gallup.com/workplace/393497/world-trillion-workplace-problem.aspx>. Acesso em: 17 jan. 2025.
5. *WHO Guidelines on Mental Health at Work*. World Health Organization, 2022, p. 3. Disponível em: <https://www.who.int/publications/i/item/9789240053052>. Acesso em: 17 jan. 2025.
6. Jan Bruce, "The Overlooked Consequences of Today's Burnout Problem". *Forbes*, 6. jun. 2019. Disponível em: <https://www.forbes.com/sites/janbruce/2019/06/06/overlooked-consequences-burnout-problem/?sh=4e73082e5b58>. Acesso: 24 jan. 2025.
7. Christina Maslach e Susan Jackson foram as criadoras, no fim dos anos 1970, do Maslach Burnout Inventory (MBI), um questionário que até hoje é utilizado para avaliar o grau de *burnout* em uma pessoa ou grupo.

8. Ministério da Saúde, *Síndrome de Burnout*. Disponível em: <https://www.gov.br/saude/pt-br/assuntos/saude-de-a-a-z/s/sindrome-de-burnout>. Acesso em: 16 jan. 2025.

9. "SÍNDROME de Burnout: Professor da UFF realiza estudos sobre a promoção de saúde nos ambientes de trabalho". Universidade Federal Fluminense, 11 abr. 2023. Disponível em: <https://www.uff.br/11-04-2023/sindrome-de-burnout-professor-da-uff-realiza-estudos-sobre-a-promocao-de-saude-nos-ambientes-de-trabalho/>. Acesso em: 17 jan. 2025.

10. Alexandrina Meleiro et al., "Understanding The Journey Of Patients With Depression In Brazil: A Systematic Review". *Clinics*, v. 78, jan.-dez. 2023. Disponível em: <https://www.elsevier.es/en-revista-clinics-22-articulo-understanding-journey-patients-with-depression-S1807593223000285>. DOI: 10.1016/j.clinsp.2023.100192. Acesso em: 17 jan. 2025.

11. "OMS e OIT pedem novas medidas para enfrentar os problemas de saúde mental no trabalho". Organização Internacional do Trabalho, 28 set. 2022. Disponível em: <https://www.ilo.org/brasilia/noticias/WCMS_857127/lang--pt/index.htm>. Acesso em: 24 jan. 2025.

12. Pesquisa "Inteligência Emocional e Saúde Mental no Ambiente de Trabalho". The School of Life, [s. d.]. Disponível em: <https://www.theschooloflife.com/sao-paulo/pesquisa-inteligencia-emocional-e-saude-mental-no-ambiente-de-trabalho/>. Acesso em: 24 jan. 2025.

13. Cf. "Meaning and Purpose at Work Report", em Shawn Achor et al., "9 Out of 10 People Are Willing to Earn Less Money to Do More-Meaningful Work". *Harvard Business Review*, 6 nov. 2018.

14. "SHAWN Achor: O potencial é coletivo". *HSM Management*, [s. d.]. Disponível em: <https://revistahsm.com.br/shawn-achor-o-potencial-e-coletivo/>. Acesso em: 24 jan. 2025.

SOBRECARGA [pp. 21-6]

1. Alison Escalante, "Por que nossos cérebros passam 50% do tempo divagando". *Forbes*, 3 fev. 2021.

2. "43% DOS BRASILEIROS alegam que estão com sobrecarga de trabalho". *Edição do Brasil*, 8 jul. 2022. Disponível em: <https://edicaodobrasil.com.br/2022/07/08/43-dos-brasileiros-alegam-que-estao-com-sobrecarga-de-trabalho/>. Acesso em: 24 jan. 2025.

3. Caeleigh MacNeil, "Feeling Overwhelmed at Work? Here's What to Do". *Asana*, 12 fev. 2024. Disponível em: <https://asana.com/pt/resources/overwhelmed-at-work>. Acesso em: 17 jan. 2025.

4. Ryan Anderson, "You Waste a Lot of Time at Work". *Atlassian*, 23 ago. 2012. Disponível em: <https://www.atlassian.com/blog/archives/time-wasting-at-work-infographic$>. Acesso em: 17 jan. 2025.

5. Tanya Ott, "Why Corporate Well-Being Initiatives Aren't Doing so Well". *Deloitte Insights*, 15 fev. 2023. Disponível em: <https://www2.deloitte.com/us/en/insights/multimedia/podcasts/the-problem-with-employee-wellness-programs.html>. Acesso em: 17 jan. 2024.

6. "MEET the #1 Barrier to Productivity". Atlassian, [s. d.]. Disponível em: <https://www.atlassian.com/blog/workplace-woes-meetings?trk=test>. Acesso em: 17 jan. 2025.

7. Melina Uncapher e Antony Wagner, "Minds and Brains of Media Multitaskers: Current Findings and Future Directions". *Biological Sciences*, n. 115, vol. 40, out. 2018. Disponível em: <https://www.pnas.org/doi/abs/10.1073/pnas.1611612115>. Acesso em: 17 jan. 2025.

8. Scott Blades, "The Multitasking Mirage". UFHR Leadership, Universidade da Flórida. Disponível em: <https://training.hr.ufl.edu/resources/LeadershipToolkit/transcripts/multitasking_mirage.pdf>. Acesso em: 17 jan. 2024.
9. Steve Bradt, "Wandering Mind Not a Happy Mind". *The Harvard Gazette*, 11 nov. 2020. Disponível em: <https://news.harvard.edu/gazette/story/2010/11/wandering-mind-not-a-happy-mind/>. Acesso em: 17 jan. 2025.

SEGURANÇA PSICOLÓGICA [pp. 27-32]

1. "PSYCHOLOGICAL Safety and the Critical Role of Leadership Development". McKinsey & Company, 11 fev. 2021. Disponível em: <https://www.mckinsey.com/capabilities/people-andorganizational-performance/our-insights/psychological-safety-and-the-critical-role-of-leadership-development>. Acesso em: 17 jan. 2025.
2. Amy Edmondson, "Psychological Safety and Learning Behavior in Work Teams". *Administrative Science Quarterly*, v. 44, n. 2, jun. 1999. Disponível em: <https://journals.sagepub.com/doi/abs/10.2307/2666999>. Acesso em: 18 jan. 2025.
3. Kim Parker, "Many Americans Say Women Are Better Than Men at Creating Safe, Respectful Workplaces". *Pew Research Center*, 25 set. 2018.
4. "THE LEADERS Lab 2023 Australia Workplace Report". Michelle McQuaid Group, [s. d.]. Disponível em: <https://www.michellemcquaid.com/theleaderslab__trashed/2023research/>. Acesso em: 18 jan. 2025.
5. Steven Rogelberg, "The Cost of Unnecessary Meeting Attendance". *Otter.ai*, [s. d.]. Disponível em: <https://public.otter.ai/reports/The_Cost_of_Unnecessary_Meeting_Attendance.pdf>. Acesso em: 18 jan. 2024.
6. Ibid., p. 11.

CONFLITOS GERACIONAIS [pp. 33-7]

1. "TOTAL Workforce Index Ranking". Manpower Group, [s. d.]. Disponível em: <https://www.mpgtalentsolutions.com/en/twi/market-profiles/brazil>. Acesso em: 6 fev. 2024.
2. Gabriel Zanlorenssi e Mariana Froner, "A pirâmide etária do Brasil, segundo o Censo do IBGE". *Nexo Jornal*, 27 out. 2023. Disponível em: <https://www.nexojornal.com.br/grafico/2023/10/27/a-piramide-etaria-do-brasil-segundo-o-censo-do-ibge>. Acesso em: 28 jan. 2025.
3. "PESQUISADORA da Coppe desenvolve metodologia para gestão da longevidade nas empresas". *Coppe/UFRJ*, 26 out. 2010. Disponível em: <https://coppe.ufrj.br/planeta-coppe/pesquisadora-da-coppe-desenvolve-metodologia-para-gestao-da-longevidade-nas-empresas/>. Acesso em: 28 jan. 2025.

CONTRA O VIÉS DA NEGATIVIDADE [pp. 38-43]

1. RICK Hanson, PhD — *Self-Directed Brain Change* (trecho de áudio). Sounds True (canal do YouTube), 10min47s. Disponível em: <https://www.youtube.com/watch?v=HwgPBpUya_U>. Acesso em: 6 fev. 2025.

2. "GLOBAL Emotions 2023". Gallup, [s. d.]. Disponível em: <https://www.gallup.com/analytics/349280/gallup-global-emotions-report.aspx>. Acesso em: 24 jan. 2024.

3. WeWork, em parceria com a Consultancy Services By Page Resourcing (Page Group). "Tendências e Perspectivas do Trabalho WeWork Latam 2023". Disponível em: <https://wework.com.br/tendencias-e-perspectivas>. Acesso em: 24 jan. 2025.

4. Martin Seligman, *Felicidade autêntica: Use a psicologia positiva para alcançar todo o seu potencial*. Rio de Janeiro: Objetiva, 2019. p. 14.

5. Ferris Jabr, "Cache Cab: Taxi Drivers' Brains Grow to Navigate London's Streets". *SciAm*, 8 dez. 2011. Disponível em: <https://www.scientificamerican.com/article/london-taxi-memory>. Acesso em: 3 fev. 2025.

6. Britta Hölzel et al., "Mindfulness Practice Leads to Increases in Regional Brain Gray Matter Density". *Psychiatry Research: Neuroimaging*, v. 191, n. 1, 30 jan. 2011. Disponível em: <https://www.sciencedirect.com/science/article/abs/pii/S092549271000288X?via%3Dihub>. Acesso em: 4 fev. 2025.

7. Rick Hanson, "The Positive Neuroplasticity Training". Disponível em: <https://rickhanson.com/online-courses/positive-neuroplasticity-training/>. Acesso em: 4 fev. 2025.

8. Id., "Train Your Brain: From Sadness to Contentment". Disponível em: <https://rickhanson.com/train-your-brain-from-sadness-to-contentment>. Acesso em: 5 fev. 2024.

PARTE II: A CIÊNCIA DA FELICIDADE [pp. 45-50]

1. "GROW Your Happy", CSU Health Network, [s. d.]. Disponível em: <https://health.colostate.edu/growyourhappy>. Acesso em: 3 fev. 2024.

2. "FIVE Minutes with Paul Dolan: 'Happiness is experiences of pleasure and purpose over time'". LSE, 30 ago. 2014. Disponível em: <https://blogs.lse.ac.uk/europpblog/2014/08/30/five-minutes-with-paul-dolan-happiness-is-experiences-of-pleasure-and-purpose-over-time>. Acesso em: 3 fev. 2024.

3. SONJA *Lyubomirsky: What Determines Happiness?*. Greater Good Science Center (canal do YouTube), 4min34s. Disponível em: <https://www.youtube.com/watch?v=_URP3-V1sY4>. Acesso em: 3 fev. 2024.

A PSICOLOGIA POSITIVA [pp. 51-3]

1. Roberto Crema, *O poder do encontro: Origem do cuidado*. São Paulo: Tumiak Produções; Instituto Arapoty; Unipaz, 2017. p. 22.

2. Beth Azar, "Positive Psychology Advances, With Growing Pains", *Monitor on Psychology*, v. 42, n. 4, abr. 2011. Disponível em: <https://www.apa.org/monitor/2011/04/positive-psychology>. Acesso em: 6 fev. 2025.

3. Martin Seligman, *Felicidade autêntica: Use a psicologia positiva para alcançar todo o seu potencial*. Rio de Janeiro: Objetiva, 2019. p. 40.

4. Ibid., p. 13.

5. Nansook Park et al., "Positive Psychology and Physical Health". *American Journal of Lifestyle Medicine*, v. 10, n. 3, set. 2014. Disponível em: <https://www.ncbi.nlm.nih.gov/pmc/articles/PMC6124958>. Acesso em: 3 fev. 2025.

6. Ibid.

7. Martin Seligman, op. cit., p. 28.

FELICIDADE É INTENÇÃO [pp. 54-7]

1. Paul Dolan, *Felicidade construída: Como encontrar prazer e propósito no dia a dia*. Rio de Janeiro: Objetiva, 2015.

PARTE III: A SUSTENTABILIDADE HUMANA NO TRABALHO [pp. 59-62]

1. Um *stakeholder* é qualquer pessoa, grupo ou organização que tem interesse ou é afetado por um projeto, decisão ou atividade de uma empresa ou entidade.

2. ESG é a sigla em inglês para Ambiental, Social e Governança (*Environmental, Social, and Governance*). Refere-se a três principais critérios usados para medir o impacto e a sustentabilidade de uma empresa em áreas além de seus resultados financeiros.

3. "HAPPIEST Companies Better in Multiple Measures of Firm Performance", *University of Oxford*, 5 jun. 2023. Disponível em: <https://wellbeing.hmc.ox.ac.uk/news/stock-market-performance>. Acesso em: 30 mar. 2024.

4. "INDEX Concepts". Just Capital, [s. d.]. Disponível em: <https://justcapital.com/index-concepts/workers#workers-leaders>. Acesso em: 30 mar. 2024.

O PAPEL DA LIDERANÇA HUMANIZADA E CONSCIENTE [pp. 63-5]

1. O conceito BANI reflete uma evolução do mundo VUCA: Volátil (V) passou a ser Frágil (B, de Brittle, em inglês), ressaltando a vulnerabilidade dos sistemas. Incerto (U) passou a ser Ansioso (A), marcando a ansiedade gerada pela imprevisibilidade. Complexo (C) se tornou Não linear (N), enfatizando a falta de progressão clara. Ambíguo (A) mudou para Incompreensível (I), reforçando a ideia de que as coisas são difíceis de entender e prever. Em síntese, o conceito BANI ajuda a capturar as complexidades do cenário global atual, que exige uma adaptação contínua, novas formas de pensamento e estratégias mais ágeis e resilientes.

2. Bússola, "Líderes têm o mesmo impacto na saúde mental que parceiros". *Exame*, 22 mar. 2023. Disponível em: <https://exame.com/bussola/lideres-tem-o-mesmo-impacto-na-saude-mental-que-parceiros/>. Acesso em: 5 fev. 2025.

A CONSTRUÇÃO DE UMA CULTURA DE BEM-ESTAR [pp. 66-70]

1. Adam Smith, *Riqueza das nações*. Ed. Fundação Calouste Gulbenkian, 2 vols., Lisboa, 1981 e 1983, cap. 5.
2. Dino, "Burnout atinge cerca de 30% dos trabalhadores brasileiros". *Valor*, 23 ago. 2024. Disponível em: <https://valor.globo.com/patrocinado/dino/noticia/2024/08/23/burnout-atinge-cerca-de-30-dos-trabalhadores-brasileiros.ghtml>. Acesso em: 5 fev. 2025.
3. Gallup, "State of the Global Workplace: 2023". Disponível em: <https://www.gallup.com/workplace/349484/state-of-the-global-workplace.aspx>. Acesso em: 16 jan. 2024.
4. AJ Willingham, "What is Maslow's Hierarchy of Needs? A Psychology Theory, Explained". *CNN*, 15 ago. 2023. Disponível em: <https://edition.cnn.com/world/maslows-hierarchy-of-needs-explained-wellness-cec/index.html>. Acesso em: 3 fev. 2025.
5. Serhat Kurt, "Herzberg's Motivation-Hygiene Theory: Two-Factor". *Education Library*, 31 mar. 2021. Disponível em: <https://educationlibrary.org/herzbergs-motivation-hygiene-theory-two-factor>. Acesso em: 3 fev. 2025.

PARTE IV: DESENHANDO UMA CULTURA CORPORATIVA SAUDÁVEL [pp. 71-6]

1. Hélio Schwartsman, "Keynes previu 15h de trabalho por semana". *Folha de S.Paulo*, 4 jul. 2009. Disponível em: <https://www1.folha.uol.com.br/fsp/dinheiro/fi0407200918.htm>. Acesso em: 3 fev. 2025.
2. Diego Sousa, "Bill Gates diz que a IA poderia permitir que os humanos trabalhassem três dias por semana". *IstoÉ*, 24 nov. 2023. Disponível em: <https://istoe.com.br/bill-gates-diz-que-a-ia-poderia-permitir-que-os-humanos-trabalhassem-tres-dias-por-semana/>. Acesso em: 3 fev. 2025.
3. Tal Ben-Shahar, "The Five Things You Need to Be Happy, According to a Happiness Expert". *Science Focus*, 21 nov. 2021. Disponível em: <https://www.sciencefocus.com/the-human-body/five-things-to-be-happy>. Acesso em: 12 fev. 2024.
4. "IT'S TIME We All Work Happy". Robert Half, [s. d.]. Disponível em: <https://cthr.ctgoodjobs.hk/article_files/attachment_2/Its_Time_We_All_Work_Happy_18940.pdf>. Acesso em: 5 fev. 2025.
5. Robert Half, "Felicidade impacta desempenho". Robert Half, [s. d.]. Disponível em: <https://www.roberthalf.com.br/blog/tendencias/felicidade-impacta-desempenho>. Acesso em: 12 fev. 2025.
6. Amin Zainotdini, "What Millennials Want: 6 Ways to Make Us Happy at Work". Employment and Employability Institute, 11 fev. 2019. Disponível em: <https://www.e2i.com.sg/blog/letstalk-millennials/what-millennials-want-6-ways-to-make-us-happy-at-work>. Acesso em: 12 fev. 2025.
7. "GERAÇÃO Z no local de trabalho: Como mantê-los felizes". Workplace From Meta, [s. d.]. Disponível em: <https://www.workplace.com/blog/gen-z-in-the-workplace>. Acesso em: 12 fev. 2024.

REDESENHO DO TEMPO [pp. 77-101]

1. "no us or canadian Companies to Return to Five Days, Post 4 Day Week Trial". 4 Day Week Global, 26 jul. 2023. Disponível em: <https://www.4dayweek.com/press-releases-posts/no-us-or-canadian-companies-to-return-to-five-days-post-4-day-week-trial>. Acesso em: 5 fev. 2025.

2. "the 4 day Week: 12 Months On With New Us And Canadian Research". 4 Day Week Global, jul. 2023. Disponível em: <https://static1.squarespace.com/static/60b956cbe7bf6f2ef-d86b04e/t/64bf03247945af1b225b5dc6/1690239781364/4+Day+Week+Global+Report+-+12+Months+On.pdf>. Acesso em: 7 fev. 2025.

3. "results from World's Largest 4-Day Week Trial Bring Good News for The Future of Work". 4 Day Week Global, 26 jul. 2023. Disponível em: <https://www.4dayweek.com/press-releases-posts/no-us-or-canadian-companies-to-return-to-five-days-post-4-day-week-trial>. Acesso em: 5 fev. 2025.

4. Charlotte Lockhart, "Case Study — Trio Media". 4 Day Week Global, 2 maio 2024. Disponível em: <https://www.4dayweek.com/news-posts/trio-media>. Acesso em: 7 fev. 2025.

5. "the 4 day Week: 12 Months on With New Us And Canadian Research". 4 Day Week Global, jul. 2023. Disponível em: <https://static1.squarespace.com/static/60b956cbe7bf6f2efd86b04e/t/64bf03247945af1b225b5dc6/1690239781364/4+Day+Week+Global+Report+-+12+Months+On.pdf>. Acesso em: 7 fev. 2025.

6. Em iniciativa conjunta da 4 Day Week Brazil, organização parceira da 4 Day Week Global, e da Reconnect Happiness at Work & Human Sustainability.

7. Entre os que relataram demorar algum tempo, 27,5% demoraram duas semanas, 41,2% levaram três semanas e 15,7%, quatro semanas.

8. Gloria Mark, Daniela Gudith e Ulrich Klocke, "The Cost of Interrupted Work: More Speed and Stress". chi '08: Proceedings of the sigchi Conference on Human Factors in Computing Systems, 6 abr. 2008. Disponível em: <https://ics.uci.edu/~gmark/chi08-mark.pdf>. Acesso em: 12 fev. 2025.

9. Yvon Chouinard, *Lições de um empresário rebelde*. São Paulo: wmf Martins Fontes, 2015.

10. Martin Armstrong, "The Size of the Company 'Given Away' to Save the Planet". *Statista*, 15 set. 2022. Disponível em: <https://www.statista.com/chart/28257/patagonia-inc-revenue-company-db>. Acesso em: 28 jan. 2025.

11. Gabby Land, "Op-Ed: Patagonia Proves the Success of Sustainable Corporations". *Michigan Journal of Economics*, 22 nov. 2023. Disponível em: <https://sites.lsa.umich.edu/mje/2023/11/22/op-ed-patagonia-proves-the-success-of-sustainable-corporations>. Acesso em: 28 jan. 2025.

12. Sophia Cho, "Tired at the Office? Take a Quick Break; Your Work Will Benefit". *Science Daily*, 16 mar. 2021. Disponível em: <https://www.sciencedaily.com/releases/2021/03/210316132124.htm>. Acesso em: 27 jan. 2025.

13. "research Proves Your Brain Needs Breaks". Microsoft, 20 abr. 2021. Disponível em: <https://www.microsoft.com/en-us/worklab/work-trend-index/brain-research>. Acesso em: 28 fev. 2025.

14. Harvard Business School e Boston Consulting Group (bcg). Ver Camilla Martinez e Tiffani Mezitis, "Harvard Business School Partners with bcg on ai Productivity Study". *The Harvard Crimson*, 13 out. 2023. Disponível em: <https://www.thecrimson.com/article/2023/10/13/jagged-edge-ai-bcg>. Acesso em: 5 jan. 2025.

15. "TECHSMITH's Async-First Study Eliminated Meetings and Saw +15% Increase in Employee Productivity". TechSmith, 10 jan. 2023. Disponível em: <www.techsmith.com/press/latest/async-first-experiment/>. Acesso em: 3 fev. 2025.

REDESENHO DO TRABALHO [pp. 102-15]

1. "CHARACTER Strengths" (teste). Institute of Character, [s. d.]. Disponível em: <www.viacharacter.org/character-strengths-via>. Acesso em: 16 jan. 2025.
2. "APROVEITE melhor sua vida usando seus pontos fortes". Disponível em: <https://www.gallup.com/cliftonstrengths/pt/253643/in%C3%ADcio-.aspx>. Acesso em: 16 jan. 2025.
3. Amy Wrzesniewski, Justin M. Berg e Jane E. Dutton, "Managing Yourself: Turn the Job You Have into the Job You Want". *HBR*, jun. 2010. Disponível em: <https://hbr.org/2010/06/managing-yourself-turn-the-job-you-have-into-the-job-you-want>. Acesso em: 16 fev. 2025.
4. Cf. perfil disponível em: <https://www.instagram.com/juntasnacarreira>. Acesso em: 16 fev. 2025.
5. Amy Wrzesniewski, Justin M. Berg e Jane E. Dutton, "Managing Yourself". *Harvard Business Review*. Disponível em: <https://hbr.org/2010/06/managing-yourself-turn-the-job-you-have-into-the-job-you-want>. Acesso em: 16 jan. 2025.
6. Desenvolvido com base nos estudos de Amy Wrzesniewski.
7. Mihaly Csikszentmihalyi, *Flow: A psicologia do alto desempenho e da felicidade*. Rio de Janeiro: Objetiva, 2020.
8. Edward Phillips, "Go With The Flow: Engagement And Concentration Are Key". Harvard Health Blog, 26 jul. 2013. Disponível em: <https://www.health.harvard.edu/blog/go-with-the-flow-engagement-and-concentration-are-key-201307266516>. Acesso em: 28 jan. 2025.
9. Susie Cranston e Scott Keller, "Increasing the 'Meaning Quotient' of Work". McKinsey & Company, 1º jan. 2013. Disponível em: <https://www.mckinsey.com/capabilities/people-and-organizational-performance/our-insights/increasing-the-meaning-quotient-of-work>. Acesso em: 28 jan. 2025.
10. *There's More to Life than Being Happy | Emily Esfahani Smith | TED*. TED (canal do YouTube), 12min18s. Disponível em: https://www.youtube.com/watch?v=y9Trdafp83U. Acesso em: 3 fev. 2025.
11. Emily Smith, *O poder do sentido: Os quatro pilares essenciais para uma vida plena*. Rio de Janeiro: Objetiva, 2017.

REDESENHO DAS RELAÇÕES [pp. 116-28]

1. Liz Mineo, "Good Genes are Nice, But Joy is Better". *The Harvard Gazette*, 11 abr. 2017.
2. Alyson Meister et al. "How to Recover from Work Stress, According to Science". *Harvard Business Review*, 5 jul. 2022.
3. Ibid.

4. John P. Trougakos et al., "Lunch Breaks Unpacked: The Role of Autonomy as a Moderator of Recovering during Lunch". *Academy of Management Journal*, v. 57, n. 2, 25 mar. 2013.

5. Emily E. Hunter e Cindy Wu, "Give Me a Break: The Role of Work Breaks in the Work-Family Interface", *Journal of Applied Psychology*, 2016.

6. "COMO as avaliações de liderança podem influenciar o clima organizacional?". Vorecol, 28 ago. 2024. Disponível em: <https://psico-smart.com/pt/blogs/blog-como-as-avaliacoes-de-lideranca-podem-influenciar-o-clima-organizacional-134599>. Acesso em: 4 fev. 2025.

7. Cf., por exemplo: "Tendências Globais de Engajamento dos Funcionários 2015". Aon Hewitt, [s. d.]. Disponível em: <www.aon.com/brasil/attachments/Aon%20Hewitt/Tendencias_Globais_Engajamento_Funcionarios_2015.pdf>. Acesso em: 19 jan. 2025.

8. Carlos Estrada, Alice Isen e Mark Young, "Positive Affect Facilitates Integration of Information and Decreases Anchoring in Reasoning among Physicians". *Organizational Behavior and Human Decision Processes*, v. 72, n. 1, out. 1997, pp. 117-35.

PARTE V: A CULTURA DA EMPRESA [pp. 129-44]

1. Martin Seligman, *Felicidade autêntica: Use a psicologia positiva para alcançar todo seu potencial*. Rio de Janeiro: Objetiva, 2019. p. 28.

2. Amy Edmondson, *A organização sem medo: Criando segurança psicológica no local de trabalho para aprendizado, inovação e crescimento*. Rio de Janeiro: Alta Books, 2020.

3. "A base de clientes do Nubank atingiu 87,8 milhões em 31 de dezembro de 2023, representando 53% da população adulta do país. O Nu é a quarta maior instituição financeira em número de clientes no Brasil, de acordo com dados do Banco Central." Disponível em: <https://monitormercantil.com.br/nubank-fecha-2023-com-lucro-liquido-de-us-1-bi/>. Acesso em: 3 fev. 2025.

4. Jan U. Hagen, "Fatal Errors – What Entrepreneurs Can Learn from Pilots". Disponível em: <https://www.zi-online.info/en/artikel/zi_Fatal_errors_What_entrepreneurs_can_learn_from_pilots-3514657.html>. Acesso em: 13 mar. 2024.

5. Sara J. Solnick e David Hemenway, "Is More Always Better?: A Survey on Positional Concerns". *Journal of Economic Behavior & Organization*, v. 37, n. 3. Disponível em: <https://www.sciencedirect.com/science/article/pii/S0167268198000894>. Acesso em: 15 jan. 2025.

6. "DIA Nacional de Luta da Pessoa com Deficiência: conquistas e avanços". Equalweb, 21 set. 2021. Disponível em: <https://equalweb.com.br/dia-nacional-de-luta-da-pessoa-com-deficiencia-conquistas-e-avancos/>. Acesso em: 15 jan. 2025.

7. Ettore Medeiros, Letícia Lins e Pâmela G. Silva (orgs.), *Comunicação, diversidade e inclusão*. Belo Horizonte: PPGCOM/UFMG, 2024, p. 51. Disponível em: <https://seloppgcomufmg.com.br/wp-content/uploads/2024/04/Comunicacao-diversidade-e-inclusao-Selo-PPGCOM-UFMG.pdf>. Acesso em: 15 jan. 2025.

8. Paula Castilho, "Diversity Matters: América Latina". McKinsey, 2 jul. 2020. Disponível em: <https://www.mckinsey.com/br/our-insights/diversity-matters-america-latina>. Acesso em: 15 jan. 2025.

9. Reconnect Happiness at Work & Human Sustainability. Chief Happiness Officer, com dados compilados de *Harvard Business Review*, Gallup, *Forbes*, Greenberg & Arawaka, People Metrics, dez. 2023.

10. Amy Wrzesniewski et al. "Jobs, Careers, and Callings: People's Relations to Their Work". Journal of Research in Personality, v. 31, 1997. Disponível em: <https://pages.stern.nyu.edu/~nw248/files/2162a.pdf>. Acesso em: 13 fev. 2025.

11. Amy Wrzesniewski, Paul Rozin e Gwen Bennett, "Working, Playing, and Eating: Making the Most of Most Moments". In: Corey L. M. Keyes e Jonathan Haidt (orgs.). *Flourishing: Positive Psychology and the Life Well-Lived*. Washington, DC: American Psychological Association, 2003. Disponível em: <https://www.researchgate.net/publication/232516917_Working_playing_and_eating_Making_the_most_of_most_moments>. Acesso em: 13 fev. 2025.

12. *Simon Sinek: Como grandes líderes inspiram ação*. TED (canal do YouTube), 18min34s. Disponível em: <https://www.youtube.com/watch?v=qp0HIF3SfI4>. Acesso em: 13 fev. 2025.

13. *Simon Sinek: What Noah Taught Me About Leadership*. YAPSS Archive (canal do YouTube), 2min52s. Disponível em: <https://www.youtube.com/watch?v=h5TqqT8lKgE>. Acesso em: 13 fev. 2025.

14. No caso, a pesquisa desenvolvida pela da Reconnect Happiness at Work & Human Sustainability.

EPÍLOGO [pp. 145-7]

1. Robert Pirsig, *Zen e a arte da manutenção de motocicletas: Uma investigação sobre os valores*. São Paulo: WMF Martins Fontes, 2022.

ESTA OBRA FOI COMPOSTA POR OSMANE GARCIA FILHO EM INES LIGHT
E IMPRESSA EM OFSETE PELA GRÁFICA BARTIRA SOBRE PAPEL PÓLEN BOLD
DA SUZANO S.A. PARA A EDITORA SCHWARCZ EM JULHO DE 2025

A marca FSC® é a garantia de que a madeira utilizada na fabricação do papel deste livro provém de florestas que foram gerenciadas de maneira ambientalmente correta, socialmente justa e economicamente viável, além de outras fontes de origem controlada.